JASMIN DOSE
JAN LUKAS KUHN
STEFAN MESCH

UNNÜTZES WISSEN ÜBER MANGA UND ANIME

JASMIN DOSE
JAN LUKAS KUHN
STEFAN MESCH

UNNÜTZES WISSEN

ÜBER

MANGA

UND

ANIME

Spannende Fun Facts
von den ersten japanischen Comics
bis Studio Ghibli

riva

Bibliografische Information der Deutschen Nationalbibliothek
Die Deutsche Nationalbibliothek verzeichnet diese Publikation in der Deutschen Nationalbibliografie. Detaillierte bibliografische Daten sind im Internet über https://dnb.de abrufbar.

Für Fragen und Anregungen
info@m-vg.de

Originalausgabe
1. Auflage 2024
© 2024 by riva Verlag, ein Imprint der Münchner Verlagsgruppe GmbH
Türkenstraße 89
80799 München
Tel.: 089 651285-0

Umschlaggestaltung: Sabrina Pronold
Umschlagabbildung und Abbildungen Innenteil: AdobeStock/alexmu, warmtail, ken, ろじねこ, Chorna_L
Satz: feschart print- und webdesign, Michaela Röhler, Leopoldshöhe
Druck: ScandBook, Litauen
Printed in the EU

ISBN Print 978-3-7423-2764-2
ISBN E-Book (PDF) 978-3-7453-2539-3
ISBN E-Book (EPUB, Mobi) 978-3-7453-2540-9

Weitere Informationen zum Verlag finden Sie unter

www.rivaverlag.de

Beachten Sie auch unsere weiteren Verlage unter www.m-vg.de

INHALT

Vorab 7

Weltweit geliebt 8

Anime-Hits 17

Ab 1945 27

Manga für Kinder 31

Die 50er 39

Die Basics 43

Die Kreativen 50

Die 60er 54

Anime im TV 58

Die 70er 64

Manga für alle (all ages) 68

Die 80er 73

Skandale 77

Die 90er 83

Vielfalt 87

Die 00er 95

Manga für Erwachsene 99

Die 10er 108

Deutschland in Manga & Anime 111

Die 20er 118

Ghibli-Fakten 122

Vor 1945 129

Empfehlungen 138

Uff, Manga! 162

Yeah, Manga! 178

Wir haben viel gelernt aus 189

Über die Autorin und die Autoren 190

VORAB

Es gibt Katzen-Manga. Zombie-Manga. Zombie-Katzen-Manga.

Anime zeigen Welten, Figuren, Farben, Bewegungen – und können in jeder Sekunde neu entscheiden, wie realistisch oder wie fremd. Wie genau oder wie abstrakt.

Weil Englisch viel gelehrt wird, nennen wir bei Manga und Anime, die noch keinen deutschen Titel haben, englische Titel – nur selten japanische. Um zu markieren, dass mit »Schwarz« kein Hautton beschrieben wird, sondern eine Identität, schreiben wir Schwarz groß.

Grausamkeit, abwertende Sprache und sexualisierte Gewalt sind Teil vieler Manga – und darum auch hier im Buch ein Thema. Tod und Suizid werden in fast jedem Kapitel erwähnt.

Fakten sind sachlich und neutral. Doch ihre Auswahl ist *immer* subjektiv. Wir wollen zeigen, was uns begeistert, beschäftigt oder enttäuscht: »Fun Facts« und Meinung, Empfehlungen und Streitfälle.

Wichtig: Auch vor Spoilern wird im Buch nicht gewarnt.

WELTWEIT
GELIEBT

Manga sind in Deutschland erfolgreicher als Fantasy- und Science-Fiction-Bücher.

»Meine Tochter ist blass vor Sorge«, klagt Malikkas Vater im Manga *Buddha* (8 Bände ab 1972). »Blass?«, ruft ein Diener. »Sie meinen weiß: Farbdruck können wir uns nicht leisten.«

Zwei Nazis lauern 1940 im Gebüsch – mit einer Fotokamera, denn ein Kumpan spricht freundlich zu einer Jüdin auf einer Parkbank (*Adolf*, 5 Bände ab 1983). »Was reden die?« Aber da hilft kein Foto: »Sprechblasen werden doch nicht mit-fotografiert!«

Pro Jahr erscheinen etwa 300 japanische Trickserien und -filme (Anime). Japanische Comics (Manga) machen pro Jahr zwölf Milliarden Euro Umsatz, Anime 30 Milliarden (2023, weltweit).

1995 werden in Japan mehr Manga-Magazine und -Sammelbände verkauft als je zuvor. Seitdem sinken die Verkäufe. Trotzdem ist der Profit 2023 fast doppelt so hoch – vor allem durch Manga-Apps: Japans Comicverlage machen aktuell 70 Prozent des Gewinns mit digitalen Angeboten.

Pirat*innen werden so oft mit Augenklappe, Papagei, Holzbein und Haken-statt-Hand gezeigt, dass der erfolgreichste Manga (*One Piece*, seit 1997) den Figuren meist ganz andere, originelle Merkmale gibt. Weil Oda Eiichirō (der Mangaka: Autor und Zeichner) 2007 sagt, jemand mit Augenklappe kommt »in den finalen Szenen« vor, achten Fans darauf, wer sich am Auge verletzt.

»Hancock« ist ein britischer Nachname. Boa Hancock aus *One Piece* nutzt eine Boa-Schlange als Thron und als Schwert, doch »Hancock« ist Boas Vorname. Auch bei Eustass Kid, Edward Newgate und Trafalgar Law steht, wie in Japan üblich, der Familienname vorne. Wir nennen hier im Text japanische Kreative in japanischer Reihenfolge (Miyazaki Hayao) – doch alle anderen (Ariana Grande) sowie Figuren (Violet Evergarden) nicht.

Pokémon, Godzilla, Mario und Sonic. Hello Kitty, Biene Maja, Wickie und die Transformers. Power Rangers, Tamagotchi, *Zelda* und *Final Fantasy*: Viele Figuren gehören zur japanischen Comic- und Trickfilm-Kultur, weil sie dort entstanden sind – oder dort neu erzählt werden.

1971 reist Miyazaki Hayao nach Schweden, damit Autorin Astrid Lindgren grünes Licht für eine *Pippi Langstrumpf*-Trickserie gibt. Lindgren lehnt ab – wohl auch, weil eine befreundete Autorin (Tove Jansson, *Die Mumins*) die japanische *Mumins*-Trickserie (65 Folgen ab 1969) brutal und plump findet.

Sollen Kinder in den USA fünf Heldinnen aus Japan sehen – im *Sailor Moon*-Anime, 1992? Nein, glaubt der US-Sender Fox. Darum wird Sailor Moon weiß, Sailor Mars zur US-Asiatin, Sailor Venus wird Latina, Sailor Jupiter Schwarz, Sailor Merkur nutzt einen Rollstuhl. Das US-Remake (1993) mischt Trickfilm-Kämpfe und gefilmte Szenen mit US-Schauspielerinnen. Es bleibt bei einer halben Testfolge, nie gesendet. Ins US-TV (und auch ins deutsche, ins ZDF) kommt *Sailor Moon* erst Ende 1995.

Der Profit von *Pokémon*, seit 1996: 80 Milliarden Euro weltweit. Die zweiterfolgreichste Erzählwelt ist *Star Wars* – mit 40 Milliarden Euro seit 1977.

Die US-Sängerin Ariana Grande hat über 60 Tattoos. Zwei der größten sind die junge Chihiro aus *Chihiros Reise ins Zauberland* (2001) und Evoli aus *Pokémon*, beide am rechten Arm – gestochen 2018 und 2019. Julian Brandt spielt 2023 bei Borussia Dortmund: Er liebt *One Piece* und macht, als er ein Tor schießt, eine Hand-Geste von Trafalgar Law.

Der britische Schauspieler Daniel Radcliffe mag Anime; auch viele im Westen weniger bekannte Serien wie *Initial D*, über Straßenrennen. John Boyega mag Shōnen-Anime (für Jungs, darunter *Naruto* und *Hunter x Hunter*). Will Smith, Tobey Maguire und Keanu Reeves loben in den Nullerjahren einige Science-Fiction-Anime, die sie gern in den USA neu verfilmen würden.

Nintendo verdient an *Super Mario* weltweit acht Milliarden Euro – seit 1981. Der Fantasy-Manga *Demon Slayer* (23 Bände, dazu eine Anime-Serie und -Filme) schafft denselben Profit seit 2016, in Rekordzeit. *Demon Slayer: Mugen Train* ist der weltweit erfolgreichste Film 2020.

Die russische Eisläuferin Evgenia Medvedeva tritt mit 16 bei Kunstlauf-Wettbewerben im Sailor-Moon-Kostüm an (2016, 17). US-Rapperin Megan Thee Stallion ist Anime-Fan und -Expertin. Sie zeigt Fingernägel mit *Demon Slayer*-Motiven, schminkt und kleidet sich (Cosplay) wie Figuren aus *Jujutsu Kaisen* (26+ Bände ab 2018) und *JoJos Bizarre Adventure* (134+ Bände ab 1987). Ihr Song und Musikvideo *Boa* (2024) feiert Boa Hancock.

Krillin ist ein Mensch – stark, aber ohne Auffälligkeiten. Bakterian stinkt extrem und furzt Gegner*innen gern ins Gesicht, bis sie ohnmächtig werden. Bei einem Turnier hat Krillin keine Chance – bis Son Goku auffällt: Krillin hat keine Nase, und kann wohl eh nichts riechen! Krillin (damals 13) ist überrascht, freut sich und gewinnt den Kampf (Kapitel 36 von *Dragon Ball*: 42 Bände ab 1984).

Son Goku ist ein Außerirdischer (Saiyajin). Sein schwarzes Haar steht in viele Richtungen ab. Im Videospiel *Sonic 2* (Ende 1992) wird der blaue Igel Sonic zu Super Sonic – die Stacheln sind jetzt goldblond und stehen stärker nach oben. Das Vorbild? Ab Mitte 1991 wird Goku zum Super-Saiyajin: mit goldblondem Haar, das stärker nach oben steht und sich besser, schneller zeichnen lässt.

Kurz trägt Naruto (72 Bände ab 1999) eine Schutzbrille auf der Stirn – die aber so viel Mühe beim Zeichnen macht, dass sie bald durch ein Stirnband ersetzt wird. Weil der Mangaka Son Goku mag, hat Naruto ähnliches Haar. Und Naruto »ist blond und blauäugig, damit er in einer Verfilmung von jedem Kinderschauspieler in den USA gespielt werden kann.«

Slump heißt »Durchhänger« oder »Sich-Hängen-Lassen«: Toriyama Akira (1955 bis 2024) ist Langschläfer – doch muss als Illustrator für eine Werbeagentur früh raus. Darum wird er 1979 Vollzeit-Mangaka (und bald auch Figuren-Designer für Games wie *Dragon Quest*). 18 Bände *Dr. Slump* zeigen ab 1980 Arale, ein Roboter-Mädchen mit Sehschwäche. »Sie hat keine Nasenlöcher«, merkt Kellnerin Aoi. »Du doch auch nicht«, motzt Arales Erbauer: »Wir sind nunmal in einem Manga!«

Arales Auftritt soll nach Kapitel 1 (15 Seiten) enden. Doch weil Heldinnen so selten sind im Jungs-Magazin *Shōnen Jump* (seit 1968; das erfolgreichste wöchentliche Manga-Magazin), weil Fans mit Brille die bebrillte Arale lieben und, weil Toriyamas *Jump*-Redakteur Arale interessanter findet als ihren Erfinder, wird sie die Hauptfigur.

War Sonic Vorbild für Ideen in *Dr. Slump* und *Dragon Ball*? Nein. Ein *Dr. Slump*-Manga ab 1993 (nicht von Toriyama gezeichnet) zeigt Sonic und Arale kurz beim Wettlauf (sie gewinnt); und wie der Fuchs Tails zu Sonic aufschaut, ist inspiriert von Son Gohan und Piccolo in *Dragon Ball*. Die *Sonic*-Titelgrafik (1991) kopiert das Intro der *Dr. Slump*-Anime-Serie (243 Folgen ab 1981), und wie Arale im Tanuki-Kostüm rennt, wird Vorlage für Marios Tanuki-Look in *Super Mario Bros. 3* (1988).

Der Kopf von Hello Kitty ist größer als ihr Körper. Weil der Game-Designer Miyamoto Shigeru nur 16 mal 16 Pixel hat, um eine Figur zu zeigen, hat Jumpman – in *Donkey Kong* 1981; ab 1985 heißt die Figur dann Mario – den Körperbau von Hello Kitty. Auch Arale passt in enge Comic-Bildkästen (Panels) besser, je ovaler und gestauchter man sie zeichnet (putzig gequetscht: super-deformed, SD).

Hikaru ist 16, verschwindet in den Bergen und kommt freundlicher zurück. Im verstörend gefühlvollen Horror-Manga *Der Sommer, in dem Hikaru starb* (5+ Bände ab 2021) fragt sich ein schüchterner Schüler: Liebe ich Hikaru? Was für ein Wesen bewohnt und steuert Hikarus toten Körper? Soll ich ihn outen, um das Dorf zu schützen? Oder können wir Freunde sein?

Nanas Tochter wird im Vorschulalter krank und stirbt – doch steht plötzlich vor ihr. Im Wohlfühl-Manga *False Child* (4 Bände ab 2022) will ein Tanuki ein Ehepaar zum Weinen bringen und tut, als sei er ihr totes Kind. Echte Tanuki erinnern an Waschbären. Magische Tanuki spielen in Japans Märchen oft Verwandlungs-Streiche. *False Child* und *Der Sommer, in dem Hikaru starb* teilen dieselbe Prämisse (Grundidee). Sie haben ganz andere Zeichenstile – aber eine warme, überraschend ähnliche Erzählstimmung.

Dieselbe Grundidee läuft in ganz neue Richtungen. Aus einer Prämisse wachsen jeweils andere Plots. Hinter Bildwelten und Zeichenstilen, die kaum etwas gemeinsam haben, zeigt sich dieselbe Stimmung. Leichtes wird plötzlich schwer, Schweres wird überraschend leicht: Ob Manga Lust machen aufs Lesen, entscheidet die Prämisse. Doch welche Manga *dich persönlich* noch auf Seite 1000 fesseln und berühren, entscheidet diese Erzählstimmung: der (für Fans aus dem Westen oft ungewohnte, widersprüchliche) Blick und Tonfall.

Die Schülerin Bella trifft eine stolze, ländliche Vampirfamilie (und Werwolf-Clans). Sie selbst bleibt passiv-mütterlich: Vier *Twilight*-Jugendbücher (USA, 2006 bis 2009) ernten viel Wut und Spott für ihr frommes Frauenbild. *The Wolf's Daughter* (3+ Bände seit 2022) nutzt die *Twilight*-Stimmung und ändert die Prämisse nur recht wenig. Ein ländlicher, stolzer Werwolf-Clan mit Weingut sagt Schülerin Tsukina: »Du bist Wölfin!« Noch auf Seite 600 ist faszinierend unklar: Bleibt sie ein Spielball, verknallt wie Bella? Was will Kodama Yuki, eine feministische Mangaka, hier *Twilight* antworten und entgegen setzen?

Nur eine einzige, letzte Person überlebt das Spiel: Die Grundidee zur südkoreanischen TV-Serie *Squid Game* (2021) hat Autor Hwang Dong-hyuk, als er in einem Manga-Café (in Korea: Manhwabang) 2008 Reihen wie *Battle Royale* (Roman von 1999), *Liar Game* (19 Bände ab 2005) und *Gambling Apocalypse* (91+ Bände seit 1996) liest. Viele Ideen und Aspekte aus *Squid Game* sind in Manga schon lange beliebt und erprobt (oder bereits ein Klischee).

Arale muss nie aufs Klo – darum ist sie fasziniert von Kot. Ein Kot-Kringel mit lachendem Gesicht aus *Dr. Slump* wird ab 1997 eines der beliebtesten Emoji. Einheitlich werden die Symbole erst 2008: weil das erste iPhone (2007) keine Emoji anzeigt und in Japan kein Erfolg wird. Dort sagen Paare und Cliquen: »Beim Chatten müssen wir dieselben Emoji sehen – darum bleiben wir den Handys *einer* Firma treu!«

Alle lieben Höschen und Unterwäsche, glaubt ein respektloser Greis in *Ranma ½* (36 Bände ab 1987) und tauft ein Baby Pantyhose (Feinstrumpf-hose) Taro. Auch Bulma und ihre Kinder Trunks und Bra (BH) in *Dragon Ball* sind nach Wäsche benannt. *Panty & Stocking with Garterbelt* (13 Folgen, 2010) zeigt zwei Engel und einen Priester namens, übersetzt: Schlüpfer, Strumpfhose, Strapse.

»Two-Piece«-Bademode braucht ein Oberteil und eine Hose. »One Piece« sind Einteiler. Im Manga selbst meint »One Piece«: Die *einmalige* Beute von Pirat Gol D. Roger ist nicht geteilt, sondern *in einem Stück*, *als Gesamtes* versteckt.

18 neue Seiten pro Woche, fünf Jahre am Stück: Das ist 1997 der Plan für *One Piece* (bis 2024: 1130+ Kapitel, 1110+ Anime-Folgen, 15 Kinofilme und eine Realverfilmung mit minimal zwei Staffeln). Genug Kapitel für zwei Sammelbände: Das ist 1994 der Plan für *Detektiv Conan* (105+ Bände mit 1125+ Kapiteln, 1130+ Anime-Folgen, 27 Filme, dazu ein J-Drama: eine Realverfilmung im japanischen TV, 13 Folgen).

Die meisten Texte werden aus dem Englischen ins Deutsche übersetzt. Dann kommt Japanisch – vor Französisch! »Zwei von drei verkauften Comics in Deutschland gehören mittlerweile zur Sparte Manga«, meldet der Hessische Rundfunk 2023. Und Manga-Lektor Michael Cheng (Egmont) feiert im *BuchMarkt*: Seit 2020 sind Manga-Verkäufe »an der Warengruppe ›Science Fiction/Fantasy‹ vorbeigezogen und von der Größe her vergleichbar mit den Reiseführern«.

Ōtani Ikue ist die japanische Stimme (Seiyū) von Pikachu – seit Mitte von Staffel 1 auch auf Deutsch. In *Pokémon Horizonte* (2023) spricht sie neben Pikachu auch die menschliche Rolle der Coralia. Die Schurkin sieht ein Pikachu, und befiehlt ihrem Eis-Pokémon die Attacke »Finale«. Es soll sich selbst sprengen, um Pikachu auszuschalten.

Die Titel klingen schlimm: *Cannon God Exaxxion* (7 Bände ab 1998), *Rah-Xephon* (26 Folgen, 2002), *Genesis of Aquarion* (26 Folgen, 2005). Wird der Klassiker *Neon Genesis Evangelion* (26 Folgen, 1995) extra-plump und extra-oft kopiert? Nein. Nach jedem Anime- und Manga-Erfolg wird jede Prämisse in Varianten neu erzählt. Gern mit extra-ähnlichem Titel. Doch oft genug mit einem Twist oder in überraschender, neuer Stimmung.

Der Kampfroboter (Mecha) in *Darling in the FranXX* (24 Folgen, 2018) heißt FranXX und wird von Duos gesteuert. *Tengen Toppa Gurren Lagann* (27 Folgen) wird 2007 bei Gainax animiert (dem *Eva*-Produktionsstudio). Das Studio Sunrise hilft bei der US-Trickserie *Batman* (ab 1992) – darum hat der Mecha-Krimi *The Big O* (28 Folgen ab 1999) Szenen wie aus Gotham City, mit Figuren wie Butler Alfred.

Chroniken, Stammbäume, Link- und Empfehlungslisten online zeigen Hunderte Verknüpfungen und Traditionslinien zwischen verschiedenen Anime und Manga. Der *Eva*-Vorspann lernt aus dem Vorspann der Gainax-Serie *Die Macht des Zaubersteins* (39 Folgen ab 1990) und der britischen Serie *UFO* (26 Folgen ab 1970), der Titel *Neon Genesis Evangelion* baut auf *Space Runaway Ideon* (39 Folgen, 1980) und *Genesis Climber MOSPEADA* (25 Folgen, 1983).

Besonders an Heldin Mikasa Ackermann in *Attack on Titan* (34 Bände ab 2010, 94 Folgen ab 2013): Sie hat Waschbrett-Bauchmuskeln, weil der Mangaka Mixed Martial Arts mag und Mikasa wie eine MMA-Sportlerin zeichnet. Mikasas Name ist ein Verweis: Das Schlachtschiff Mikasa hilft Japan im russisch-japanischen Krieg 1904/05 zum Sieg. Fast jede *Eva*-Figur hat ein Kriegsschiff als Nachnamen – die meisten sinken vor 1945. Ikari, der Nachname von Hauptfigur Shinji, heißt »Anker«.

Ganz alleine 25 Minuten Anime schreiben, zeichnen, animieren? Respekt. In *Voices of a Distant Star* (2002) schickt Mikaku (16) Kurznachrichten an ihren Freund auf der Erde: Sie soll als Mecha-Pilotin Aliens stoppen, der Flug durchs All dauert Jahre. Mit aufwändigen Hintergründen und gehemmten Teenagern wird Shinkai Makoto, geboren 1973, zum erfolgreichsten Animator nach Miyazaki. Sein Film *Your Name* (von 2016: spannend und ergreifend) spielt in Japan etwa 150 Millionen Euro ein, und weltweit weitere 200 Millionen.

2013 führen Frauen Regie bei 16 Anime (von 150) – davor liegt die Zahl fast immer unter zehn. Als Regisseurin gefragt sind Yamada Naoko (*A Silent Voice*, 2016), Utsumi Hiroko (*Sk8 the Infinity*, 2021), Okada Mari (*Maquia*, 2018), Ishizuka Atsuko (*A Place further than the Universe*, 2018) sowie Yamamoto Sayo (leider keine großen Aufträge mehr seit 2017: *Yuri!! on Ice* und 13 grandiose Folgen *Lupin III.: The Woman Called Fujiko Mine*, 2012).

»Der Name ist Takagi«, sagt Schauspieler Takagi Wataru im Tonstudio, als er für *Detektiv Conan* einen Ermittler spricht, der nur am Rand vorkommt. Ursprünglich als namenlose Figur angedacht, wird die Rolle so beliebt, dass sie bald auch im Manga auftritt – benannt nach ihrem Sprecher: Inspektor Wataru Takagi.

Der Erklär-Manga *Satoshi Tajiri, the Man who created Pokémon* (2018) zeigt kindgerecht, wie auch beim Games-Entwickeln Yūjō (Freundschaft), Doryoku (Anstrengung, Durchhalten) und Shōri (Sieg) zählen – die Grundwerte für Jungs-Manga bei *Shōnen Jump*. Pikachus Trainer heißt Satoshi, ohne Nachname. Im Westen heißt er Ash Ketchum (nach »Schnapp sie dir alle – gotta catch 'em all«), damit die Silben aufs Mundbild von »Satoshi« passen. US-Trickserien wie *Die Simpsons* lassen Gaststars improvisieren: Dort wird der Mund erst nach dem Einsprechen animiert. Doch beim Vertonen von Anime sind die Münder meist schon fertig animiert.

Die jüngste Zeichnerin bei *Ghost in the Shell: Stand Alone Complex* (26 Folgen, 2003) ist 22. Ihr Manga *Animeta!* (5+ Bände ab 2015) zeigt Ausbeutung und Angst einer Animatorin (19), die höchstens 800 Yen (4,60 Euro) pro Bild erhält und keine 500 Bilder pro Monat schafft. Gefeiert – und von ihr empfohlen: *Shirobako* (24 Folgen ab 2014), über Mitglieder der Animations-AG einer Schule, die nach dem Abschluss versuchen, in der Anime-Industrie Fuß zu fassen.

1997 bis 2006 begeistert Kon Satoshi als Regisseur von vier Filmen und einer Serie. 2010 stirbt er an Krebs, mit 46. Madonna zeigt Szenen aus Kons *Perfect Blue* (1997) auf Konzerten (2001). US-Regisseur Darren Aronofsky zitiert/kopiert *Perfect Blue* in *Requiem for a Dream* (2000) und *Black Swan* (2010). Christopher Nolans *Inception* (2010) hat dieselbe Prämisse wie Kons *Paprika* (2006, nach dem gleichnamigen Roman von Tsutsui Yasutaka, 1993).

Das Animationsstudio Gainax legt 2007 gut 40 Prozent des Budgets der Serie *Gurren Lagann* für die finalen Folgen zurück – weil 1996 kaum Geld blieb für das *Evangelion*-Finale, Regisseur Anno Hideaki Morddrohungen erhielt (aus Zorn über die Spar-Tricks, -Experimente und den unerwartet philosophischen Ton der finalen *Eva*-Folgen) und im Studio eingebrochen und randaliert wurde.

Hat ein Studio Geld- und Zeitnot, leiden »Freie« (ohne Festanstellung oder fixes Gehalt) oft am meisten: 2018 steht bei *My Sister my Writer* (10 Folgen, Studio NAZ) im Abspann der ›Name‹ Shōjiki Komata (wörtlich übersetzt: »Im Ernst, wir brauchen Hilfe«), weil das Team kaum Lohn erhält. »Outsourcing« und »Sub-Contracting« heißt: Studio A bekommt Geld, um eine Serie zu animieren, doch gibt viel Arbeit (und wenig Geld) an Studio B oder C ab. Studio B will die Zusage und verspricht: »Unser Team ist schnell!« Die meiste Arbeit bleibt an möglichst schlecht bezahlten Freien hängen.

Isayama Hajime (geboren 1986) erhält 2013 »tausende Morddrohungen« (viele aus Korea), weil der kluge Kommandant Pixis in *Attack on Titan* eine Hommage ist – an den General und Kriegsverbrecher Akiyama Yoshifuru. Ab 1905 wird Korea von Japan erobert. Auch ein damals von Russland und Japan umkämpfter Teil Chinas, die Mandschurei, wird 1930 dem japanischen Kaiserreich einverleibt. Isayama schreibt online, dass er Akiyama für seinen simplen und sparsamen Lebensstil respektiert. Vorbild für Erwin, den anständigen Taktiker in *Attack on Titan*, ist der Nazi-General Erwin Rommel.

Das kultige *Space Battleship Yamato* (77 Folgen ab 1974) ist nicht nach dem realen Schlachtschiff Yamato, versenkt 1945, benannt – das Schiff *ist das Original-Wrack selbst,* für Krieg im All nachgerüstet. *Saber Rider* heißt im Original *Star Musketeer Bismark* (51 Folgen ab 1984): Der Cowboy-Mecha ist nach Preußens Reichskanzler Otto von Bismarck (gestorben 1898) benannt.

Strike Witches (Light Novels ab 2006) zeigt historische Luftkriege – in Unterwäsche: Teenie-Hexen, oft inspiriert von Nazi-Piloten und -Flugzeugen, tragen magische Robo-Düsen an den Beinen und darum weder Hose noch Rock. Im Online-Game *Kantai Collection* (2013) werden die Kriegsschiffe Japans als Mädchen zum Sammeln sexualisiert. Auch die Kriegsmarine der Nazis wird hier vermenschlicht (anthropomorphisiert).

Akira (sechs Bände ab 1982) spielt im Jahr 2019, zeigt bewusst nur westliche Schrift auf dem Cover und wird als kolorierte Version in den USA (Hefte bei Marvel, ab 1988) und Deutschland (19 Bände bei Carlsen, ab 1991) ein erster größerer Manga-Erfolg im Westen. Weil Tokyo im *Akira*-Anime am 16. Juli 1988 explodiert, kommt der Film am selben Tag ins Kino. Und weil *Akira* fast nur Jungs und Männer zeigt, kann er mit allen Kumpels von Bart Simpson nachgespielt werden: Für *Bartkira* (2013 bis 2017) zeichnen 768 Fans alle 2200 Seiten neu – mit Milhouse, Flanders und Ralph Wiggum.

Auffällige, sehenswerte Intros haben die Serien *Cowboy Bebop* (Welt-raum-Western, 1998), *Paranoia Agent* (Mystery-Thriller, 2004), *Beastars* (Disneys *Zootopia* in düster, 2020), Intro 1 von *Naruto Shippuden* (Ninja-Fantasy, 2007), Intro 2 von *Mashle* (Kampfkunst-Farce, 2023), *Spare me, Great Lord!* (Geister-Action, China 2021). Originell sind auch der 6-Minu-ten-Film *Jumping* (Tezuka Osamu, 1984) und zwei Fan-Filme, *Daicon III* und *Daicon IV*, gezeigt zur Eröffnung zweier Science-Fiction-Conventions in Osaka (1981, 1983): Das studentische Team gründet 1984 Gainax.

Damit TV-Sender Anime in Auftrag geben und senden, müssen sie preis-werter sein als gefilmte Serien – denkt Tezuka Osamu und macht Fuji TV ein fatal günstiges Angebot für *Astro Boy* (1963: Japans erste halb-stündige Anime-Serie, basierend auf 23 Bänden ab 1952). Als Tezuka 1989 stirbt, schreibt Miyazaki Hayao, Tezuka habe »nichts Gutes getan« für die Anime-Industrie und viele Tezuka-Anime seien »billig pessimistisch« und »bankrott«.

Bis in die 90er Jahre – so lange man im Trickfilm jedes einzelne Bild auf eine Folie (Cel) druckt (oder komplett von Hand malt!) und dann foto-grafiert – muss jede neue Farbe extra »erfunden« und angerührt werden. *Akira* zeigt 160.000 Folien und 327 Farben (davon 50 neue). *Astro Boy* ist schwarzweiß und braucht in 25 Minuten gut 1500 Folien. *Akira* bietet 1200 – pro Minute!

1988 kann *Akira* kaum die Hälfte der Kosten für Produktion und PR einspielen. Auch *Mein Nachbar Totoro* gilt als riskant und wird nur finanziert, weil ihn Japans Kinos 1988 im Doppel mit *Die letzten Glühwürmchen* zeigen. Japans Wirtschaft stagniert ab 1990 – und erst *Sailor Moon* (200 Folgen ab 1992, parallel ein Manga in 18 Bänden) und *Evangelion* (1995) geben dem Anime-Markt Aufwind. *Totoro* macht 1988 sieben Millionen Euro Gewinn: passabel. Der Gewinn durch *Totoro*-Merchandise wie Plüschtiere, bis 2019: über tausend Millionen.

Misato aus *Eva* hat ähnliches Haar und dieselbe japanische Sprecherin wie Bunny/Usagi (Sailor Moon). Rei aus *Eva* ist nach Rei Hino (Sailor Mars) benannt. Shinji aus *Eva* hat das Gesicht von Nadia aus *Die Macht des Zaubersteins* (1990); und Disneys *Atlantis* (2001) nutzt dieselbe Prämisse – Milo ist wie Jean, Kida wie Nadia. *König der Löwen* (1994) kopiert den Plot von *Hamlet* und die Prämisse/Figuren von Tezukas *Kimba, der weiße Löwe* (3 Bände ab 1950, Anime-Serien 1965 und 1989). Tezuka liebt Disney – darum ähnelt Astro Boy (1952) Disneys Pinocchio (1940).

Für Hitler steuert Otto Carius einen Panzer (Modell *Tiger*). Später wird er Apotheker und nennt die Apotheke »Tiger-Apotheke«. Miyazaki bewundert Carius, zeichnet ab 1998 die Memoiren *Tiger im Schlamm* (1960) als Farb-Manga nach und besucht ihn 1999 in Rheinland-Pfalz. Fiktive Nazis mit vielen Fans sind das Letzte Bataillon in *Hellsing* (Manga 1997, Anime 2001 und ab 2006), Brocken Jr. in *Kinnikuman* (85+ Bände ab 1979) und der SS-Mann Rudol von Stroheim aus *JoJo* (im Manga 1987, im Anime 2012). *Tanya the Evil* (14+ Light Novels ab 2010, später Manga und Anime) ist gnadenlos, aber kein Nazi: Sie kämpft mit Magie für ein Kaiserreich, das ans Deutsche Reich zur Zeit des Ersten Weltkriegs angelehnt ist.

Verlage verlangen Lizenzgebühren, wenn ein Manga zum Anime wird – und sie werden umso reicher, je mehr Spielzeug, Games und Merchandise der Manga und der Anime nach sich ziehen. Mangaka verdienen wenig Geld pro gezeichnetem Kapitel – und oft auch nur eine Pauschale am Anime und am Merch: Ihnen hilft, Sammelbände zu füllen, die sich gut verkaufen. Fast alle Mangaka haben Assistent*innen für Orga, Recherche, Tuschen (Inking) und Hintergründe. Diese Freien sind »Subcontractors« – von Mangaka auf eigenes Risiko bezahlt und nicht vom Verlag betreut.

TV-Sender bestellen und finanzieren immer weniger Anime selbst – sie vermieten lieber Sendezeit: Anime ab 22 Uhr finanziert sich oft vor allem durch »Otaku«: in Japan die Bezeichnung für besonders motivierte, treue oder leidenschaftliche Fans. Otaku kaufen viel Merch und bezahlen, um ihre Lieblings-Anime zu unterstützen, demonstrativ hohe Preise für Blu-rays und Sondereditionen; manchmal mit nicht-jugendfreien, blutigen oder schlüpfrigen Szenen.

Supermans Kampf mit Zod in *Man of Steel* (2013) kopiert den Kampf aus Folge 24 von *Birdy the Mighty: Decode* (2009). *Matrix* (1999) kopiert eine Verfolgungsjagd aus *Ghost in the Shell* (1995) und zeigt Kinder mit PSI-Kräften wie in *Akira*. Lucy aus *Elfen Lied* (12 Bände ab 2002, 13 Folgen 2004) hat PSI-Kräfte und ist Vorbild für Eleven aus *Stranger Things* (ab 2016). *Naruto* zeigt Outfits, von *Matrix* inspiriert.

Kon Satoshis *Tokyo Godfathers* (2003) legt den Western *3 Godfathers* (1948) ins Heute – statt Viehdiebe versorgen eine trans Frau, eine Ausreißerin und ein alkoholkranker Mann ein Baby. Pixars *Das große Krabbeln* (1998) und *Die glorreichen Sieben* (1960) sind Remakes von *Die sieben Samurai* (1954). Auch viele Jedi-Ritter ähneln herrenlosen Samurai (Rōnin) – und Outlaws, die durch Western ziehen. Denn *Star Wars* kopiert *Yojimbo* (1961), doch auch das Remake *Für eine Handvoll Dollar* (1964: dieselbe Samurai-Geschichte, aber als Western).

Die Macht des Zaubersteins kostet Gainax 450.000 Euro mehr als geplant. Auch in *Evangelion* fließt viel ungeplante Mühe und Geld. Durch die Lizenzgebühren für *Eva*-Merchandise wird das Studio zwar reich – doch heute wird Anime meist von »Komitees« finanziert: Verlage, Sponsoren, Spielzeugfirmen, Konzerne bestellen bei Studios Serien, die viel Merch verkaufen sollen, und teilen sich Profit und Kosten. Studios haben weniger Risiko – und weniger Freiraum und Gewinnbeteiligung.

Statt schwuler Romanzen (BL: Boys Love – als Manga-Genre oft akzeptiert) zeigen Anime hübsche Jungs (Bishōnen) fast immer nur als Kumpel. *Free!* (Schwimmsport: 37 Folgen ab 2013) oder *Haikyu!!* (Volleyball: 85 Folgen ab 2014) zeigen nur Hetero-Freundschaften. 2017 verspricht MAPPA eine Fortsetzung zu *Yuri!! on Ice* (12 Folgen 2016: Yuri liebt Victor, seinen Eislauf-Coach). 2024 wird der Film abgesagt. Das Studio »hat Frauen/Mädchen und queere Leute benutzt«, twittert ein Fan, »als Sprungbrett hoch in den Mainstream. Jetzt zählt als Zielgruppe nur noch Shōnen.«

**AB
1945**

Nakazawa Keiji ist sechs, als die USA mit zwei Atombomben – Hiroshima: 6. August 1945, Nagasaki: 9. August – 260.000 Menschen auslöschen und Japans Angriffskrieg beenden. Die »zu 70 Prozent selbst erlebte« Lausbuben- und Antikriegs-Reihe *Barfuß durch Hiroshima* (10 Bände ab 1973) erscheint als erster Manga in den USA (Fan-Übersetzung 1978) und Deutschland (lange nur Band 1, Rowohlt 1982).

»Neo-nationalistische« Rechte wollen Nakazawas Reihen ab 2012 an Schulen verbieten – weil er Japans Massaker in Nánjīng (China, 1937) zeigt, die Menschenversuche der Einheit 731 und Figuren wie Herr Park, zur Zwangsarbeit aus Korea nach Japan umgesiedelt: Nach dem Atomschlag will keine Klinik die Wunden eines Nicht-Japaners versorgen.

Korea ist ab 1910 von Japan besetzt. Ab 1939 wird ein Drittel der Bevölkerung in Militär- und Arbeitsdienste gezwungen. Ein Muss: Der koreanische Comic *Grass* (2018) über Lee Ok-seon, mit 15 in ein Bordell für japanische Soldaten verschleppt.

Ab 2011 erinnern Statuen an die als »Trostfrauen« verhöhnten Zwangsprostituierten (seit 2020 auch in Berlin). Sadamoto Yoshiyuki – Character-Designer für *Evangelion* und *Summer Wars* (2009) – nennt die Statuen 2019 »schmutzig« und »Propaganda«.

Von 1917 bis 45 entstehen in Japan über 200 kurze Trickfilme. Der erste lange Anime, *Momotarō: Göttlicher Krieger des Meeres* (1945) zeigt die Sage des Pfirsichjungen – er besiegt Dämonen (Oni) auf ihrer Insel – als Militärpropaganda neu: Kindliche Tiere in Uniform kämpfen mit Schiff und Fliegern gegen (als Mensch gezeichnete) britische Truppen. 1945 bis 52 wird Japan durch die USA regiert. Kaiser Hirohito muss verkünden, dass er nicht von Gottheiten abstammt. Samurai-Dramen sind verboten, an Schulen auch Kampfsport wie Kendo, Judo und Karate. Doch viel Bewunderung fürs Militär bleibt.

Akihiro (8) muss zur Großmutter aufs Land. *Gabai* (11 autobiografische Bände ab 2005) zeigt Armut, Normen, Träume eines Jungen und einer Putzfrau ab 1958. Japan hat etwas mehr Landfläche als Deutschland. Von heute 125 Millionen Menschen leben fast 40 Prozent allein; 92 Prozent leben in städtischem Umfeld. *Gabai* zeigt eine altmodische Kindheit. Ähnlich packend und lehrreich, über die 30er Jahre: *Tante NonNon* (Mizuki Shigeru, 1977).

Mizuki Shigeru, geboren 1922, gönnt sich neun Stunden Schlaf pro Nacht und stirbt mit 93. Tezuka Osamu, geboren 1928, sagt als letzte Worte: »Ich flehe darum: Ich will zurück an die Arbeit!« Er stirbt mit 60. Den Manga-Boom (und, wie Tezuka als Schüler den Krieg erlebt) zeigt und erklärt *The Osamu Tezuka Story* (ab 1992: 870 Seiten von Tezukas Assistent Ban Toshio). Normen und Politik der Shōwa-Zeit (und, wie Soldat Mizuki 1944 einen Arm verliert) erklärt und zeigt *Shōwa: 1926 – 1989* (2400 Seiten, 1988/89). Beide Manga zeigen, dass für Freizeit meist gar kein Platz bleibt.

Frauen in Japan dürfen ab 1947 wählen (Deutschland: 1918. Schweiz: 1971). Fröhliche Manga über Bildungshunger und Frauenrechte sind *Yokohama Story* (8 Bände ab 1981: Ab 1859 erlaubt der Hafen internationalen Handel. 1875 lernt Uno Englisch und will reisen), *La Lanterne de Nyx* (6 Bände ab 2015: Nach der Pariser Weltausstellung 1878 sind Japan und Frankreich voneinander fasziniert) und *My Dear Detective* (6+ Bände ab 2021: eine fesche Ermittlerin hilft 1930 den »Modern Girls« – modisch-urbanen Frauen).

Weil damals Paare oft gemeinsam Suizid begehen, wollen zwei Schülerinnen 1948 als Liebespaar erfrieren (2018: *Was bleibt von unseren Träumen?*). Ein Onnagata-Tänzer tritt möglichst feminin auf – und wird ab 1941 die große Liebe eines Fabrikanten (2019: *The Flower that seems to truly dance*). Japans Frauen-Baseball-Team trotzt 1948 der Yakuza und dem US-Rassismus (9 Bände ab 2000: *Tetsuwan Girl*). Je mehr Zeitzeug*innen sterben, desto mehr Manga nutzen die 1940er als reine Fantasie-Kulisse. Die drei Manga zeigen zwar Diskriminierung und Vielfalt – doch wie echte Menschen damals sprechen/denken, ist hier keine Priorität: ›Große Gefühle‹ sind wichtiger.

MANGA FÜR KINDER

Sally the Witch (109 Folgen ab 1966) ist der erste Anime für Mädchen und junge Frauen (Shōjo). Ein Vorbild sind die Sitcom *Verliebt in eine Hexe* (USA, ab 1964) und der Shōjo-Manga *Secret Akko-Chan* (3 Bände ab 1962) über Atsuko (10), die sich mit einem Zauber-Schminkspiegel immer neue Outfits und ein erwachsenes Aussehen hext. Broschen, Zepter, Schatullen werden zum beliebten Spielzeug – und »Magical Girl« zum festen Genre mit vielen Traditionen und Varianten.

Sakura (9) ist ein Magical Girl und Heldin des Shōjo-Anime *Card Captor Sakura* (12 Bände ab 1996, 70 Folgen ab 1998). Ab Folge 8 kämpft auch ein Junge in der Serie. In den USA wird Sakuras Name aus dem Titel entfernt und Folge 8 als erste Folge präsentiert: *CardCaptors* (38 Folgen ab 2000) soll Jungs ansprechen.

Im Manga *Bibi & Miyu* (drei Bände ab 2019, Szenario: Olivia Vieweg) trifft Bibi Blocksberg – von Elfie Donnelly 1980 für Hörspiele erfunden – eine junge Hexe aus Japan. Als die Zeichnerin Hirara Natsume im Hintergrund Pferde zeigt, warnt Kiddinx (dort liegt das Copyright für Bibi), »Pferde würden eher auf das *Bibi & Tina*-Universum hinweisen.« Ohne Tinas Hof: Umsatteln – Pferde aus dem Bild!

»Aufgepasst!« ruft eine fröhliche junge Frau am Klassenraum 2-A. Sie geht ans Pult. Alle verbeugen sich. Dann aber kommt der Lehrer: Die Neue ist nur Schülerin, elftes Schuljahr. Nakkis Streiche und Ideen geben der ganzen Schulgemeinschaft neuen Schwung. *Attention Students!* (24 Bände ab 1977) feiert einen forschen Frauentyp. Sportlich, direkt – mit Kurzhaarschnitt wie Prinzessin Diana 15 Jahre später.

Yotsuba kommt »aus dem Ausland«, hat grünes Haar, vier kurze Zöpfe und heißt wie ein Symbol für Glück: vierblättriges Kleeblatt. Mit sechs startet die Schulzeit. Noch ist sie fünf, allein daheim und bringt mit Fragen, Spielen, Neugier dem alleinerziehenden Adoptivvater und drei jungen Nachbarinnen viel Schwung: *Yotsuba&!* (16+ Bände seit 2003).

Kinder in Yotsubas Alter können mit dem herzlichen, kindgerechten Manga zwar Lesen lernen – doch das Magazin, das ihn druckt, wendet sich an erwachsene Männer und zeigt auch *Daddy's Sexy Doll* (2 Bände ab 2022) über Schülerin Riona, die sich in den Hausmädchen-Sexroboter ihres Vaters verliebt. Viel wichtiger als die Zielgruppe des Magazins *ist immer die Erzählstimmung des Manga selbst*. Die besten Manga über Kindheit sind oft keine Manga für Kinder (kodomo-muke manga), sondern für Erwachsene, die übers Kind-Sein nachdenken wollen.

Toll ab 8 Jahren ist *556 Lab* (zwei Bände, 2008): Im Geheimlabor ihres toten Vaters findet Kokoro (12) bequeme technische Hilfsmittel (Gadgets). Ein Magical Girl ohne Magie – das mit Science-Fiction-Technik, die leicht auch böse nutzbar wäre, niemals Freundschaften erschleichen will. Himekawa Akira (zwei Frauen, unter Pseudonym) ist auch Mangaka vieler *Zelda*-Reihen. *Zelda: Twilight Princess* (ab 2016) hat besondere Tiefe, weil sich die Reihe elf Bände Zeit nimmt.

1996 erscheint die erste Hello-Kitty-Kollektion für Teenager ... weil 1995 jugendliche Kitty-Fans der Chefdesignerin sagen, dass sie nach Dates mit reichen Männern suchen, um sich von ihnen Luxus-Taschen schenken zu lassen. »Lasst solche ›Dates‹ – und ich designe euch preiswerte Kitty-Taschen und -Couture!«, bremst Yamaguchi Yūko. Seitdem hat Hello Kitty zwei Zielgruppen: Kinder – und Fans verspielter Mode.

Doraemon ist ein Robo-Kater – aber ohne Ohren. Er liebt Gadgets – die Chaos stiften, Privatsphäre verletzen und Trends, Konsum-Lust, »Mit Technik lässt sich alles lösen«-Denkfehler der 70er Jahre verspotten: Die fragwürdige »Gadget Cat from the Future« (45 Bände ab 1969) hilft dem planlosen und bequemen Nobita (10), weil sich im 22. Jahrhundert all seine Nachkommen schämen. »Unter Nobis Fehlern leidet der Ruf unserer Familie bis heute!«

»Wir Mädchen finden Glück in Gadgets, Schmuck, Konsum!« ist ein Glücksversprechen der 70er Jahre. »So lange Reiche bestimmen, wie alle arbeiten und leben«, warnt Japans Feminismus damals, »bleibt jede Frau unfrei: Spielball im Kapitalismus!« Die Mangaka Ikeda Riyoko (geboren 1947, sie war Mitglied der Kommunistischen Partei Japan) zeigt den Konflikt mit zwei Figuren: Prinzessin Marie Antoinette tröstet sich mit Luxus. Ihre Leibwächterin Oscar erlebt Prunk als unfair, unfrei, gewaltsam. (*Die Rosen von Versailles*, 10 Bände 1972/73. Als Anime: *Lady Oscar*, 40 Folgen 1979/80.)

Derselbe Konflikt – aber für die Zielgruppe »Josei« (erwachsene Frauen): *Talk to my Back* (380 Seiten ab 1981) zeigt eine Stadtwohnung, zwei Kinder – die viele teure Dinge ›brauchen‹ – und die wachsende Entfremdung, Wut, Isolation von Chiharu. Besucht eine Frau die Eltern des Mannes, soll sie allen Tee servieren. Die Schwiegermutter überwacht, wie fügsam und dienstbar Chiharu den Enkelkindern eingießt. »Luxusprobleme«, lacht Chiharus Mann. »Du hast doch alles!«

Kaede (14) hat einen Wichtel, der jeden Wunsch erfüllen kann – doch die Verlobte des Wichtels erfüllt Wünsche für Kaedes Schwarm, und ein Fies-Wichtel erfüllt Wünsche für Kaedes Rivalin (*Mirmo!*, 12 Bände ab 2001; 172 Folgen ab 2002). Der motzige Wichtel ist erst nur eine Kritzelei – bis der Verlag die Mangaka anweist: »Mach eine Wichtel-Shōjo-Comedy für uns!«

Viele Manga für Männer (Seinen) wirken nach 20 Jahren kindischer – als hätte man nur eilig Shōnen mit ein paar pseudo-erwachsenen Schocks garniert. Shōjo dagegen ist ab 1971 oft so lyrisch (gedichthaft) und machtkritisch, dass ›erwachsene‹ Josei-Reihen noch heute gern dieselben Fragen stellen wie die ›Mädchen-Comics‹ damals. Kolleginnen wie Ikeda Riyoko und Hagio Moto – die meisten geboren im 24. Jahr der Shōwa-Ära (1949) und darum oft »Gruppe der 24er« genannt – zeigen Shōjo voller Wut und Politik; auch erste schwule Romanzen (oft tragisch und im Internat).

Statt grellen »Super Robots« will *Gundam* (seit 1979: über 50 Anime-Serien und -Filme) realistische Kriegs-Mecha zeigen. Das (oft sehr militaristische) »Real Robots«-Genre wird damit zwar erfolgreich – doch weil die Spielzeugfirma Clover die Serie mitfinanziert und Primärfarben ein Spielzeug einladender (toyetischer) machen, wird Gundam weiß, blau, rot und gelb. Dieselben Farben wie Sailor Moon, denn ...

Redakteur Osano Fumio will Heldin *Sailor V* (zwei flapsige, sonnige Bände ab 1991) in einer Matrosen-Schuluniform (Sērāfuku) sehen: blauer Rock, weißes Oberteil, das Design ist 1920 von den Matrosen-Uniformen der britischen Marine inspiriert. Für den Anime – Toei Animation wünscht sich ein ganzes Team statt Sailor Venus allein – plant die Mangaka (Takeuchi Naoko, geboren 1967) eine Heldin mit roter Schleife und Stiefeln. Erst hat die Figur rosa Haar, dann silber(mond)farbenes. Doch gelb/blond ist toyetischer. So endet Bunny/Usagi in Gundams Farben weiß, blau, rot und gelb.

Weil Katzen oft Hexen helfen (... und weil Manga Dialoge braucht: Die Heldin muss sich streiten und erklären) werden Magical Girls zu oft von Tieren/Maskottchen gegängelt und erzogen. Kater Artemis mahnt Minako in *Sailor V*, sie darf nicht dick werden. In Portugal wird er als Katze übersetzt, und Katze Luna als Kater. Als Kater Rhett kurz Lust auf Luna hat, wird auch er zur Katze erklärt – um Zwei-Kater-flirten-Szenen zu vermeiden. Bei *Sailor Moon* lohnt sich, online genauer nachzulesen: Welche Länder ändern beim Übersetzen das Geschlecht von Zoisite, Fischauge, Haruka und den Sailor Starlights?

Schwungvolle Jungs-Klassiker für Fans von *Dragon Ball*? Der sorglose Chinmi prügelt sich durchs alte China (*Kung Fu Boy Chinmi*, 35 Bände ab 1983). Schüler Kenji trainiert diverse Kampfstile im Japan und China von heute (*Kenji*, 21 Bände ab 1988). Karate zur Zeit der Einigung Japans (1603) zeigt *Age of Chaos* (15 Bände ab 1989).

Weil sich Pferdebücher und -comics im Westen fast nur an Mädchen richten, wirkt *Sylphid* (23 Bände ab 1989) wie der Bruch eines Tabus: Ein junger Jockey – ein typischer Shōnen-Held! – versorgt und weint um seine Pferde. »Ein Prinz mit weißem Ross« ist auch im Shōjo-Manga ein Klischee. Doch »Pferdezucht und Ponyhof« wird japanischen Mädchen nicht als Sehnsuchtsbild vermarktet.

1984 erstmals bei Olympia: Rhythmische Sportgymnastik. Darum startet 1985 *Die kleinen Superstars* (16 Bände, 19 Folgen). 1964 siegen Japans Volleyballerinnen bei Olympia in Tokyo. *Attack No. 1* (12 Bände ab 1968, 104 Folgen ab 69) zeigt die Spielerin Kozue. In Italien heißt Kozue »Mimi«. *Attacker You* (3 Bände und 58 Folgen ab 1984) zeigt die Spielerin You. In Italien wird sie »Mila« – und Kozue wird auf Deutsch 1993 *Mila Superstar*. Auch Rintarō (11) sieht 1984 Sportgymnastik. Nur Frauen dürfen antreten. Darf er ins Team? (Unbedingt Kindern zeigen: *Tanz in die abendliche Stille*, 2 Bände, 2018.)

Käfer-Pokémon wie Pinsir und Scaraborn ähneln Hirsch- und Nashornkäfern, die Japans Kinder oft im Sommer sammeln. Viele ältere Mangaka – Tezuka, Miyazaki, Mizuki; auch viele Kreative bei Nintendo – waren Käfer-Nerds, meist in der Grundschule (Klasse 1 bis 6). Pokémon-Erfinder Tajiri Satoshi trägt als Kind sogar den Spitznamen »Dr. Käfer« (mushi hakase).

Durch Spuk-Geschichten einer alten Kinderfrau Ende der 20er Jahre (Details: *Tante NonNon*, 1977) merkt sich Mizuki Shigeru Hunderte Geisterwesen aus dem Volksglauben: Yōkai. Er sammelt Berichte (wie Käfer), spricht über selbst erlebten Yōkai-Spuk und schreibt kulturhistorische Bücher. Sein Grusel-Shōnen *Kitaro* (auf Deutsch 13 Bände) macht Yōkai ab 1960 in Japan viel bekannter. Ab 1989 stehen Yōkai-Statuen an der Mizuki-Shigeru-Straße in seiner Heimatstadt Sakaiminato – im Sommer 2024 sind es 177.

In *Yōkai Watch* (Manga-Reihen ab 2012, Games ab 2013) werden Yōkai wie Pokémon gesammelt. Die Games-Reihe *Persona* (ab 1996) wächst aus *Digital Devil Story* (Romane ab 1986. Via PC beschwört ein Schüler Gottheiten und Monster aus allen Mythen, um gegen Luzifer zu kämpfen). Plastik-Roboter stehen beim *PlaWrestling* (14 Bände ab 1982) für Kinder im Ring.

CoroCoro (ab 1977), das wichtigste Manga-Magazin für Erstleser*innen, macht viel Werbung für »Kauft! Sammelt! Kämpft!«-Spielwelten und liebt toyetische Manga zu Kreiseln (*Beyblade*), Jojos (*Hyper YoYo*), Sammel-karten (*Future Card Buddyfight*). Teams wie bei *Battle Spirits* zeigen meist nur ein einziges Mädchen. Und noch heute wirkt der Farb-Manga *Super Mario Adventures* (1992 im *Club Nintendo*-Magazin) superb. Denn *Coro-Coro* hat (von Werbung abgesehen) kaum Farbseiten: Bunter Game-Spaß wie *Splatoon* und *Kirby* enttäuscht ... als Schwarzweiß-Manga.

DIE
50ER

Mit 19 (1954) zeichnet der schwule Illustrator Naitō Rune Mädchen mit strahlend großen Augen fürs Shōjo-Modemagazin *Junior Soleil*. Der süß-naive Stil (kawaii) prägt fast jede Manga-Figur – besonders Shōjo-Figuren, viele Pokémon-Designs und Vorschul-Tiere wie den kleinen Tiger *Shimajiro* (1993). Auch *Der kleine Maulwurf* (1957) und Pi und Pa, die Weltraumkatzen (1987) wirken kawaii – sind aber tschechisch. Hello Kitty (1974, extrem kawaii) ähnelt Hase Miffy aus den Niederlanden (1955).

Sakura Namiki (*Kirschblüten-Allee*, 130 Seiten) zeigt 1957 drei kawaii Freundinnen in der Tischtennis-AG eines Internats. Der erste Manga über offen lesbische Liebe (Yuri) erscheint erst 1971 – doch bis heute haben Yuri-Manga oft die Erzählstimmung der *Kirschblüten-Allee*: kindliche Freundinnen, die ihre Nähe ›unschuldig, aber leidenschaftlich‹ romantisieren.

Mit 33 (1954) stirbt Fukui Eiichi an Überarbeitung (Karōshi). Sein Judo-Manga *Igaguri-kun* ist damals die erfolgreichste Sport-Reihe. Ab 1950 liebt Japan den Wrestler Rikidōzan, der gegen US-Kämpfer antrat und darum viel »Wir sind wieder wer«-Nationalismus weckt. Dass Wrestling einem Skript folgt und Rikidōzan koreanische Eltern hat, wird erst nach seinem Tod (erstochen von einem Yakuza, 1963) erklärt.

Tezuka Osamu beginnt mit 16 ein Medizinstudium (1945) und zeichnet mit 18 den erfolgreichsten Manga der 40er Jahre (*New Treasure Island*, 190 Seiten, als Sammelband ein Bestseller). Seine Manga-Adaptionen zu Goethes *Faust* (1950), *Schuld und Sühne* (1953) und *Metropolis* (1949; Tezuka kennt nur ein Foto aus dem Film und reimt sich eigene Ideen zum Wort »Metropolis« zusammen) zeigen kindische Figuren im Disney-Stil, die kindisch überreagieren. 1951 sieht er Disneys *Bambi* im Kino: 80 Mal. Viele US-Trickfilme kennt er, weil sein Vater einen Filmprojektor hat und US-Comics sammelt.

Erst macht *Godzilla* (riesig unheimlicher Spielfilm, 1954) Monster zum Kino-Trend weltweit. Dann werden Kaijū (wörtlich »seltsame Ungeheuer«) durch die Kinderserie *Ultraman* (kein Anime: 39 Folgen, 1966) zum Spielzeug-Hit. Hayata Shin (25) ist nach seiner Verwandlung zu Ultraman 40 Meter groß – doch immer nur drei Minuten lang. Der Timer auf der Brust strahlt blau, dann rot. Darum gibt *Evangelion* den Mecha ähnliche Zeitlimits (1995); und die rote Perle des Seestern-Pokémon Sterndu blinkt, wenn die Energie knapp wird (1996).

Im Spielfilm *Shin Gojira* (2016) nutzt Regisseur Anno Hideaki Schnitte, Standbilder, Tempo, Bildsprache der Büro-Szenen aus *Evangelion* (und sogar mehrere Musikstücke des Soundtracks) für eine Politik- und Katastrophen-Satire: Godzilla greift an. Wir sehen Konferenzen. Krawatten. Kopiergeräte in einer langen Reihe. Atom-Horror und Verwaltungsapparat: Seit der Reaktorkatastrophe von Fukushima (11. März 2011) wirken ein Atom-Monster *und das Abwarten der Behörden* gleich gruselig.

Manga erscheinen in den 50ern meist in kurzen Episoden in Magazinen wie *Shōnen Club* (neben Artikeln und Geschichten). Lange »Story Manga« liegen dort als Extra-Hefte (32, 64 oder 100 Seiten) bei. Für wenig Geld kann man Bücher in Kashi-Hons ausleihen (wie später Filme in Videotheken). Im betrübten autobiografischen Manga *Gegen den Strom* (840 Seiten ab 1995) zeigt Tatsumi Yoshihiro (1935 bis 2015), wie ein von ihm (mit-)erfundenes neues Comic-Format Tezukas »Story Manga« überholen will, in Leih-Buchläden: Gekiga (»Bilderdrama«, »dramatische Bilder«), ab 1957.

Gekiga ist einfach Manga – nur für Ältere, mit mehr Schmerz, Sex, Politik. Viele Studierende lesen beides: »Story Manga« und Gekiga. Das Magazin *Garo* (1964 bis 2002) wird für die Gekiga-Bewegung zentral; Mangaka dort sind oft politisch links. Weil sich Tezuka als gestriger Kinder-Onkel fühlt, gründet er das Konkurrenz-Magazin *COM* (1966 bis 71).

DIE BASICS

2008 werden etwa 400 Frauen fürs Zeichnen und Schreiben von Manga bezahlt. Manga-Magazine für Mädchen (Shōjo) und Frauen (Josei) haben zusammen 20 Prozent Marktanteil – schätzt *Bookslut*.

Mit »Mangaka« ist anfangs nur die Person gemeint, die zeichnet. Plant eine zweite Person Plot, Dialoge und/oder legt sie fest, was jede Seite zeigt, sagt man im Deutschen »Autor*in« oder »Szenarist*in«. Beim Manga-ka-Duo von *Death Note* verantwortet Ōba Tsugumi die Story (»Gensaku«, Vorlage) und Obata Takeshi die Umsetzung (»Sakuga«, das Zeichnen von Bildern).

Einige Anime-Bilder pro Sekunde sind wichtige »Key Frames« (Schlüsselbilder). Die vielen Bilder dazwischen (»Inbetweens«) sollen möglichst flüssig von Key Frame zu Key Frame leiten. Anime-Studios nennen das »Sakuga«; doch westliche Fans nennen alle Anime-Momente, die besonders liebevoll animiert sind, Sakuga. Fällt der komplette Anime durch Zeichenkunst auf, sprechen sie von »Sakuga-Anime«. Misslungene und oft ungewollt komische Zeichnungen nennt man in Japan »Sakuga hōkai« (Sakuga-Zerfall).

Bakuman (20 Bände) erscheint ab 2008 in *Shōnen Jump* und zeigt im Shōnen-Stil, wie ein Autor und ein Zeichner, beide erst in der neunten Klasse, Shōnen-Manga an *Shōnen Jump* senden. Kolleginnen, Heldinnen, Frauen sind den beiden (und der fiktiven *Jump*-Redaktion; und wohl auch Ōba und Obata selbst) meist egal – doch als Erklär-Manga über den Alltag des Comic-Machens (von Jungs, für Jungs) ist *Bakuman* nicht übertroffen bisher.

Band 9 von *Say Hello to Black Jack* (13 Bände ab 2002) zeigt auf dem Cover keine Figur: Weil Verlage für Titelbilder und für Farb-Seiten meist kein Honorar zahlen, stellt der Mangaka hier keine Gratis-Zeichnung zur Verfügung. Im Juli 2024 klagt Ōwara Sumito (*Keep Your Hands Off Eizouken*, 5+ Bände ab 2016) auf Elon Musks Plattform X: »Null Yen für das Zeichnen eines Sammelbandcovers. Die Verlage spinnen doch. Bezahlt uns bitte.«

Higashimura Akiko zeichnet fast jeden Tag im Atelier, von Klasse 10 bis 12. Den schroffen Zeichenlehrer, die Kunsthochschule und erste Schritte als Mangaka zeigt ihr Erinnerungs-Manga *Blank Canvas* (5 Bände ab 2011) – ehrlich, reif, differenziert.

Bei den Zeichenkursen in *Blue Period* (15+ Bände ab 2017, 12 Folgen 2021) sind Wettbewerb und Kampfgeist zentral. Auch *The Lines that define me* (4 Bände ab 2019) nutzt Klischees aus Kampf-Shōnen: Nicht so verbissen! Ihr malt Sumi-e: Tuschebilder.

Der vielleicht beste aktuelle Manga fürs breite Publikum zeigt Freund*innen zwischen 19 und Ende 20: Natsumi studiert Malerei, doch will Manga zeichnen. Ihr Cousin Hiroto war Schauspieler und erbt das Haus einer Rentnerin, mit der er oft geplaudert hat. In *Hirayasumi* (7+ Bände seit 2021) ist Durchbeißen keine Lösung. Hiroto (kein Vollzeitjob, unter 34: ein »Freeter«) hört zu, atmet durch, chillt, macht Sorge-Arbeit. Ein »Taugenichts, unproduktiv«? Nö. Mental-Health-Held*innen!

Rots Hand ist lasch und er hat Mühe, einen Pokéball zu fangen – weil beide Hände von den Eisfesseln einer Gegnerin dauerhaft verletzt worden sind (*Pokémon – Die ersten Abenteuer*, 64+ Bände seit 1997). Am Ende von Band 9 erhält er einen Hinweis, wie er sich heilen kann und geht auf die Suche. Die Zeichnerin heißt Mato. Aufgrund einer Krankheit (sie nennt nicht, welche) muss sie nach dem Kapitel die Arbeit am Manga beenden. Zeichner Yamamoto Satoshi übernimmt ab Band 10. Doch Mato arbeitet weiterhin als Illustratorin.

»Als Zeichen des Respekts«, sagt Comiczeichner Igort, wird ein fertiges Manga-Kapitel manchmal persönlich abgeholt. Bei *What's Michael?* (wie *Garfield*, aber schmieriger: 9 Bände ab 1984) ist Mangaka Kobayashi Makoto so verzweifelt, dass er durchs Fenster flieht.

In den 50er bis 70er Jahren warten bei Tezuka fünf, sechs Redakteure verschiedener Magazine oft tage- und nächtelang direkt am Zeichentisch. Bei (seltenen – meist hat er zu viele Deadlines!) Flugreisen reisen sie mit, damit er auch unterwegs zeichnet.

Edles Sushi wird oft an Holztresen serviert. Uhren und Ringe abnehmen, damit dort nichts zerkratzt! Und kein Parfum tragen – weiß Esskultur-Experte Mitsuya (54). Holt Tomoya (29) die Kolumne ab, kocht Mitsuya einen Snack. Mag der Redakteur einfach die innere Ruhe des älteren, schwulen Singles – oder ist er selbst queer? Zwei (toll nicht-creepy!) Bände ab 2021, Titel wörtlich: *Fütterungszeiten bei Meister Mitsuya (Mitsuya sensei no keikakuteki na edzuke)*.

Ist *Fangirl – the Manga* (4 gute Bände ab 2020) ein Manga, obwohl niemand aus Japan stammt? Sam Maggs (Szenario) ist Kanadierin, Gabi Nam zeichnet Manhwa in Korea. Die Buchvorlage ist von Rainbow Rowell. (USA, oft kritisiert: In Rowells Young-Adult-Romanze *Eleanor & Park* von 2012 schauen ein US-Koreaner und seine weiße Freundin oft herablassend auf Korea.)

»Anime« meint in Japan jede Sorte Animationsfilm – aus allen Ländern. US-Comics heißen Ame-comi. *South Park* ist ein Gag-Anime. Comics im Manga-Stil aus dem englischsprachigen Raum heißen international »Original English-language Manga« (OEL). Manfra sind Manga aus Frankreich. Das koreanische Wort für Comic ist »Manhwa«, das chinesische ist »Manhua«; im Westen meint »Manhwa« und »Manhua«: Comics aus Korea, Comics aus China.

Queere Comics von und für Leute, die selbst queer sind, heißen »geicomi« (»Bara«, das Wort für Rose, ist veraltet). »Yaoi«, ebenfalls veraltet, steht für *yama nashi, ochi nashi, imi nashi*: kein Klimax, keine Pointe, keine tiefere Bedeutung. Anfangs meint »Yaoi« erotische Fan-Comics – Dōjinshi, in denen bekannte Figuren schwulen Sex haben (und die keinen Spannungsbogen brauchen: »Klimax« meint »dramaturgischer Höhepunkt«). Wichtig: Dōjinshi – das sind *alle* nichtkommerziellen Manga. Nicht nur Erotik!

Eine Trennung, die allen schadet: »Yaoi« als Wort für Manga über Männerliebe, oft im Shōjo-Stil, fast nur von (Hetero-)Frauen gezeichnet und gekauft. »Bara« als Wort für Manga, die »own voices« sind – von Schwulen für Schwule. Denn so viele Menschen aller Geschlechter und Orientierungen lesen, schreiben, zeichnen BL (Boys Love): Am Satz »In Yaoi-Comics zeigen Frauen Schwule für Frauen« ist wirklich alles falsch.

Tezuka Osamu findet seine Nase zu groß und zeichnet sich darum lebenslang mit riesiger Nase. Arakawa Hiromu (ab 2011: 15 Bände *Silver Spoon*, über eine Landwirtsschaftsschule auf Hokkaido) zeichnet sich oft als Kuh, weil sie auf einem Milchbauernhof auf Hokkaido aufwuchs. Mangaka Horikoshi Kōhei (*My Hero Academia*, 42 Bände ab 2014) zeichnet gern detaillierte Hände und Hand-Gesten; sein Selbstbild ist eine Hand mit Gesicht.

Als Anime nimmt sich *My Hero Academia* Pausen: Der Anime zu *Bleach* (74 Bände ab 2001) zeigt 2004 bis 2012 meist 51 Folgen pro Jahr. *MHA* zeigt zuerst 13 Folgen (2016), dann pro Jahr 25 – wie Staffeln einer US-Serie. Kein neuer Anime riskiert seitdem mehr 40, 50 Folgen am Stück. Auch *Bleach* zeigt ab 2022 lieber 13 neue Folgen – statt »Filler«: Ideen, die im Manga nicht vorkommen und den Anime vertiefen können, doch meist sehr in die Länge ziehen und bremsen.

Chihiro kann das Zauberland nur verlassen, falls sie im Gehen nicht zurückschaut. Eine Regel, bekannt aus der griechischen Orpheus-Sage. Doch auch Izanagi aus Japans Schöpfungs-Mythos darf sich im Totenreich nicht umdrehen. Ist *One Piece* »wie *Monkey Island*« – ein US-Game von 1990? Ist Teil 1 von *JoJo* wie *Dracula*, Teil 2 wie *Indiana Jones*, Teil 7 wie *Wacky Races*?

Izakaya sind kleine Kneipen/Pubs. In kurzen Kapiteln – häppchenweise, wie ein Snack – zeigt *Midnight Diner* (28+ Bände ab 2006) schrullige Gäste und ihre Gründe, vor Morgengrauen zu snacken. Der Zeichenstil passt toll: Krakel-Gesichter wie bei den müden Eltern in Nickelodeons *Rugrats* (ab 1991, USA).

1970 findet Mangaka Taniguchi Jirō seinen Stil: Die ligne claire (klare Linie), geprägt von Belgier Hergé (*Tim und Struppi*). Miyazaki ist Fan der ligne-claire-Comics von Mœbius (Frankreich). Hergé lernt vom chinesischen Künstler Zhāng Chōngrén. Der Jugendstil (ab 1896) lernt vom französischen Japonismus (1872): Hier lernt Frankreichs Kunst von den Farb-Holzschnitten von Utamaro, Hokusai ... und später von Yoshida Hiroshi – der selbst ab 1893 in Tokyo westliche Malerei studiert.

Ein Manga »im Krakel-Stil von Nickelodeons *Rugrats*«: Wem hilft dieser Vergleich? Wie viele Motive und Traditionslinien Asiens werden im Westen nie erkannt – oder ignoriert? Britische Bücher stehen auf Lehrplänen weltweit. Doch Indiens größter Verlag ist Penguin – aus London. Die einzige im Westen halb-bekannte Erzählung über Indien ist *Das Dschungelbuch* – von einem Briten. Fast zwanzig heutige Staaten in Asien wurden von Großbritannien ausgebeutet und regiert. Der Westen zwingt Asien, nach Westen zu schauen. Er selbst schaut nur flüchtig zurück.

Ponchi (ein Tanuki) und Conchi (ein Fuchs-Yōkai) aus *Shaman King* (32 Bände ab 1998) haben ein klares Vorbild: *Ren & Stimpy* (ab 1991, USA) – die weltbekannten Nickelodeon-Figuren.

DIE KREATIVEN

Der Strand von Onna (Okinawa) am 4. Juli 2022: Als eine Strömung eine Japanerin und ihre Tochter (11) erfasst, werden sie von einem US-Major gerettet. Doch beim Versuch, zu helfen, ertrinken ein Soldat – und ein Schnorchler, 60: Takahashi Kazuki, Mangaka von *Yu-Gi-Oh!* (38 Bände, 1998 bis 2004).

Weil er Schusswaffen versteckt, muss Mangaka Hanawa Kazuchi mit 47 für drei Jahre ins Gefängnis. Im Jahr der Entlassung startet der Gefängnis-Erklär-Manga *Doing Time* (220 Seiten ab 1998).

Die Straßengang in *Tokyo Revengers* (31 Bände ab 2017) wird korrupt – kann eine Zeitreise das ändern? Mangaka Wakui Ken war als Schüler selbst in einer Gang – und einen Monat lang vom Unterricht suspendiert.

Mit über 50 studiert Ikeda Riyoko (*Die Rosen von Versailles*) Gesang. Mit 17 gewinnt Takeuchi Naoko (*Sailor Moon*) einen Newcomer-Preis, mit Anfang 20 ist sie Profi-Mangaka, und mit 22 zertifizierte Pharmazeutin. Mit 33 wird Tezuka Osamus Doktorarbeit anerkannt – doch er praktiziert nie als Arzt. Itō Junji (*Uzumaki: Spiral into Horror,* 3 Bände ab 1998) ist Zahntechniker; sechs Jahre in Vollzeit, drei in Teilzeit. Das erste Kapitel von *Tomie* (3 Bände ab 1987) zeichnet er neben der Arbeit.

Miura Kentarō zeichnet ein erstes Kapitel von *Berserk* (43+ Bände ab 1989) noch während des Studiums am Nihon University College of Art. Als er mit 54 stirbt, setzt ein langjähriger Freund (Mori Kōji) die Reihe fort; mit Miuras festem Team. Auch *Golgo 13* (212+ Bände ab 1968, Saitō Takao stirbt 2021 mit 84) und *Lupin III.* (8 Manga-Reihen und fast 50 Anime-Filme ab 1967, Monkey Punch stirbt 2019 mit 81) gehen weiter.

Oft sind die Namen von Mangaka Pseudonyme (fast immer bei Erotik, auch leider viel zu oft bei Boys Love); viele Namen sind geschlechtsneutral, und zu Ōba Tsugumi gibt es kein Foto. Der Onkel einer *Bakuman*-Figur schreibt Comedy-Manga und stirbt früh. Ist Ōba ein Mann? Ein (Ex-)Comedy-Mangaka im Alter des Onkels – vielleicht Gamō Hiroshi?

Arakawa Hiromu (*Fullmetal Alchemist*, 27 Bände ab 2001) zeichnet Manga für Jungs – ihr Künstler*innenname »Hiromu« klingt männlich. Gotōge Koyoharu (*Demon Slayer*) ist männlich oder weiblich. Oder nichtbinär. Oder agender – ohne Geschlechtsidentität. Pronomen und Fotos sind nicht bekannt.

In Japan hilft die Selbstbezeichnung »x-gender« für alle genderqueeren Identitäten: Kamatani Yūki – ab 2015 vier lehrreiche Bände *Wer bist du zur blauen Stunde?* über eine offene, vielfältige queere Gruppe, die Häuser renoviert – ist x-gender. Und asexuell: ohne Interesse an Sex. Shōjo-Mangaka Watase Yū macht mit 49 (2019) klar: Ich bin x-gender.

Yoshiya Nobuko (1896 bis 1973) liebt Frauen. Ihre Romane, oft über verliebte Schülerinnen, sind Klassiker. Queere/lesbische Mangaka sind Ching Nakamura, Morishima Akiko, Takeuchi Sachiko, Yuni und Takemiya Jin. Schwule Illustratoren: Kimura Ben, Hasegawa Sadao, Ōkawa Tatsuji. Schwule Mangaka: Yamada Sansuke und Matsu Takeshi. Tagame Gengorō ist der bekannteste offen schwule Mangaka und Illustrator.

Boys Run the Riot – vier Bände über Street Fashion, wortkarge Jungs, Gelassenheit (2020) – zeigt Ryo. Die Klasse weiß noch nicht, dass er kein Mädchen ist, sondern ein trans Mann. *Break the Border* (2018) zeigt trans Basketballer Sei. Beide Mangaka – Gaku Keito und Ayumi – sind trans Männer.

Mangaka Nekojiru nimmt sich mit 31 (1998) das Leben. Ihr Witwer arbeitet weiter mit ihren Figuren: *Cat Soup* (2001, 25 Minuten) zeigt kawaii Katzen in gespenstischen Häusern, Wüsten, Industrieruinen. Selber Look, selbe Stimmung, von Sakabashira Imiri: *Nekokappa* (160 Seiten, 2002, Empfehlung!).

Inamaru Rin stirbt mit 48 durch Suizid: Sie stürzt aus ihrer Wohnung, 2006. Ihre Märchenparodie *Ojarumaru* (2000+ Folgen ab 1998) geht weiter. Usui Yoshito (50 Bände *Shin-chan* ab 1990) stürzt 2009 beim Wandern in den Tod (wohl beim Versuch, ein Foto zu machen).

Die Puppe Licca-chan (1967, eine Antwort auf Barbie) ist von Mangaka Maki Miyako gestaltet, der Witwe von Matsumoto Leiji (*Galaxy Express 999*, 18 Bände ab 1977). Takeuchi Naokos Exfreund ist Fujishima Kōsuke (*Oh! My Goddess*, 48 Bände ab 1988); ihr Ehemann ist Togashi Yoshihiro (*Hunter x Hunter*). Anno Moyoco (*Sugar Sugar Rune*, 8 Bände ab 2003) ist Ehefrau von Anno Hideaki und Nichte von Kojima Kō (*Sennin Buraku*: 1956 bis 2014!).

Itagaki Paru (*Beastars*) ist die Tochter von Itagaki Keisuke (*Baki the Grappler*: 149+ Bände Ringkampf ab 1991). Kishimoto Masashi (*Naruto*) und Tsuge Yoshiharu haben Brüder, die selbst Mangaka sind. Adachi Tsutomu, Mangaka und Bruder von Adachi Mitsuru (*Touch*: 26 Bände über Baseball ab 1981), stirbt 2004.

Tsuges *Der nutzlose Mann* (1985) wirkt selbstironisch und packend – doch seine Frau Fujiwara Maki zeichnet 1982 den Alltag mit dem vierjährigen Sohn (Bild und Text, als Zeitschriftenkolumne). Die US-Ausgabe *My Picture Diary* (2023) gewinnt den Eisner Award für den besten neu in den USA erhältlichen Comic. Fujiwara zeigt schon damals: Tsuge schlägt sie.

DIE
60ER

Mehr Wachstum – durch zerstörte Umwelt: »Bei Leuten daheim wird alles hübscher«, erklärt Mizuki Shigeru in *Shōwa* Japans Wirtschafts-Boom ab 1965. »Draußen wird es hässlicher.« Schon bis 1952 fließen durch die USA 22 Milliarden Euro (nach heutigem Wert) ins Land. Die US-Armee nutzt Japan als Basis im Korea- (1950 bis 53) und im Vietnamkrieg (1964 bis 73). Japans »gute Zeit«, sagt Mizuki, fußt »auf Leichen in Vietnam«.

Das Capsule Inn (ein Hotel mit Schlafkabinen) eröffnet 1979 in Osaka. In *Dragon Ball* (1984) führt Bulmas Vater die Capsule Corporation: Nimm dir ein Haus (oder anderen Besitz) in einer Kapsel mit und öffne sie, wo du das Haus gerade brauchst. 1967 zeigt die *Ultraman*-Serie *Ultraseven* Kapseln, um Kaijū zu lagern, zu transportieren und zu werfen. Automaten für Kapseln mit Spielzeug gibt es ab 1965, ab 1977 unter dem Namen *Gashapon*. *Pokémon* (1996) soll anfangs *Capsule Monsters* heißen.

Hiroshi schläft am Grab der Mutter ein – und ist zurück im Jahr 1963, mit 14. *Vertraute Fremde* (400 Seiten ab 1998) ist zugänglich, sachte, ohne falsches Drama. Das Erdbeben und Feuer, die 1943 Tottori zerstören – und, was Leute im Alter von Hiroshis Vater in den 60er Jahren erschöpft – zeigt *Die Sicht der Dinge* (280 Seiten ab 1994, beides von Taniguchi Jirō). Markanter, über einen Pianisten aus gutem Haus und einen Drummer ohne Zukunft im Jazz-Trio einer Schule, 1966: *Kids on the Slope* (9 Bände ab 2007, von Kodama Yuki).

Wer *Pluto* (8 Bände ab 2003) von Tezuka-Fan Urasawa Naoki als ›politische, erwachsene‹ Version von *Astro Boy* lobt – unbedingt das Original ab 1967 lesen! Astro stoppt US-Bomben auf ein Dorf in Vietnam und hilft bei der Geburt eines Babys. »Nur einige Tage später wurde dasselbe Dorf wieder bombardiert. Alle wurden getötet. Auch das Baby.« 1968 stellt sich ein ›Wer fordert getrennte Schulen für Kinder und Robo-Kinder?‹-Kapitel gegen die Segregation Schwarzer Kinder an US-Schulen.

Boxer *Tomorrow's Joe* (20 Bände ab 1968) und Wrestler *Tiger Mask* (14 Bände ab 1968) haben denselben Autor, Takamori Asaki. Joe stirbt im Ring nach einem gewonnenen Kampf. Schon 1970 stirbt sein Rivale Tōru: Zu einer von Fans organisierten (realen) Trauerfeier kommen 700 Gäste. Der Autor stirbt 1987, mit 50. Zwei Ehefrauen wurden von ihm geschlagen, sein Redakteur muss nach Schlägen ins Krankenhaus. 1997 wird seine Tochter (16) entführt und ermordet.

»Niemand wird mich jetzt mehr heiraten wollen!«, weint Lehrerin Haruna in Folge 2 von *Sailor Moon*: Schüler Umino hat im Vorbeigehen ihren Rock gehoben. »Skirt-Flipping« ist Gewalt – und geht 1968 durch *Harenchi Gakuen* (»Schamlose Schule«, 13 Bände von Mangaka Nagai Gō) an Grundschulen ›viral‹. Zuerst kopiert eine japanische Werbefigur (Furious Judy) nur das wehende Kleid von Marilyn Monroe. Doch dann wächst aus den gedemütigten, aber neckischen und frechen *Gakuen*-Girls ein ganzes Genre: Ecchi.

Hentai zeigt Sex. Ecchi zeigt ›witzige‹ Übergriffe und Figuren, die sie hinnehmen, provozieren oder sich insgeheim darüber freuen.

Die Augsburger Puppenkiste zeigt Kinderbücher als Marionetten-Stücke. 1965 gewinnt *Wickie und die starken Männer* (Schweden) den Preis fürs Kinderbuch des Jahres. Josef Göhlen (Hessischer Rundfunk) kennt Japans TV-Programm durch Reisen ab 1964. Er gibt Marionetten-*Wickie* kein grünes Licht – sondern schlägt dem ZDF 1970 vor: Das wird die erste deutsch-japanische Anime-Koproduktion! (78 Folgen ab 1974)

Mit 18 (1961) erscheint Nishitani Yoshikos erster Shōjo-Manga. 1965 zeigt *Mary Lou* eine verliebte 15-Jährige, 1966 zeigt *Lemon and Cherry* Romanzen und Alltag an einer Schule. Statt Aschenputtel-Märchen mit duldsamen Waisinnen oder Figuren im Grundschulalter ist Shōjo ab jetzt lebensnaher. Ab 1965 aufregend und neu, doch heute ein Klischee: Die typische Shōjo-Heldin ist loyal, hält sich für nicht besonders hübsch, die Noten sind Mittelmaß und sie ist jünger und kleiner als ihr Schwarm. Sie reagiert, bleibt schüchtern. Und fragt sich oft: »Bin ich zu drängend, neugierig und laut?« Ihr Schwarm ist stoisch, verschlossen und hat genauere Vorstellungen, was er vom Leben und von Mädchen fordert.

ANIME
IM TV

Weil viele Rennwagen brennen oder in Schluchten stürzen, beruhigt eine Stimme in der deutschen Version von *Speed Racer* (2 Bände ab 1966, 52 Folgen ab 1967): »Das sieht schlimmer aus, als es ist.« Trotzdem nimmt die ARD die Serie – nach Protesten von Kirchen und Eltern – nach drei Folgen aus dem Programm.

Bis Ende 1979 zeigt das deutsche TV zehn Anime-Serien. In den 80ern sind es 21. In den 90ern etwa 80. Viele Anime der 60er und 70er Jahre sind in Italien, Spanien, Frankreich ein Hit – doch kommen wegen der *Speed Racer*-Proteste von 1971 nicht ins deutsche TV.

Jules Vernes Roman *In 80 Tagen um die Welt* (1873) zeigt keine spanische Figur. Im Anime reist der spanische Zirkus-Hamster Tico mit – weil Spanien die Serie (26 Folgen, 1983) produziert. Die italienische Version sagt: Tico ist Italiener.

Anno Hideaki macht aus *Kare Kano* (Shōjo: 21 Bände ab 1996) einen Anime mit deutlicheren Comedy-Elementen (26 Folgen, 1998). Produzent Yamaga Hiroyuki erklärt in einem Interview, die Mangaka sei darüber verärgert und eine zweite Staffel sei nicht in Aussicht.

Der Mangaka von *Hellsing* (20 Bände ab 1997, 13 Folgen 2001) gibt die DVDs des *Hellsing*-Anime an den Second-Hand-Laden Mandarake ab: zum Weiterverkauf, weil ihm die Umsetzung so missfällt. Der Mangaka von *Fruits Basket* (23 Bände ab 1998, 26 Folgen 2001) wird verwehrt, sich künstlerisch am Anime zu beteiligen. Erst an einer neuen Adaption (63 Folgen ab 2019) ist sie als Supervisor beteiligt. Was das US-TV aus *Macross* (36 Folgen ab 1982) macht, nennt Kawamori Shōji »inakzeptabel«: Weil sich lange Serien für US-Sender lohnen, tut *Robotech* (85 Folgen, 1985) so, als seien drei kurze Mecha-Anime drei Generationen *einer* Erzählwelt.

Als Recherche für *Heidi* (52 Folgen, 1974) reisen Miyazaki Hayao und Regisseur Takahata Isao 1973 zwei Tage durch die Schweiz (mit Josef Göhlen) und später nach Frankfurt. *Heidi* entsteht ohne Input des ZDF. Doch ab *Wickie* ko-produziert der Sender acht Serien in zehn Jahren (1976 im deutschen TV: *Die Biene Maja*, 1977: *Pinocchio*; 1981 in der ARD: *Nils Holgersson*). Oda Eiichirō (*One Piece*), geboren 1975, ist als Kind *Wickie*-Fan.

Im Imbiss ihres Vaters scherzt Studentin Yakko (18) mit einer schwulen Glam-Rock-Band: *Love me, my Knight* (7 Bände ab 1982) feiert feminine Boys. Tatsächlich ist niemand schwul – die Band liebt Yakko. Die Anime-Version (*Rock'n'Roll Kids*: 42 Folgen, 1983) macht Yakko 17 und zur Schülerin, streicht alle Sätze wie »Ich arbeite in einer Schwulenbar« und wird in Italien zum Hit. Dort folgt die Realserie *Love me, Licia* (145 Folgen, 1986 bis 88, spielt in Italien). Die Mangaka (Tada Kaoru, 38) stolpert 1999 beim Umzug gegen eine Tischplatte aus Stein. Sie fällt ins Koma und stirbt.

Alle meine Freunde (52 Folgen, 1983), *Die Königin der tausend Jahre* (42 Folgen, 1981) und *Lady Oscar* zeigen im deutschen Kinder-TV (1990/91 und 95): Auch Hauptrollen sterben. Eine Schwester im US-Roman *Little Women* (1869) stirbt – aber überlebt in *Eine fröhliche Familie* (48 Folgen, 1987). Bei *Niklaas, ein Junge aus Flandern* (52 Folgen, 1975) erfrieren Kind und Hund obdachlos an Heiligabend. Engel tragen sie fort. In Deutschland sagt eine Stimme, sie sind nur eingeschlafen und »träumen«.

Der Liedtext »Little Woman, kleine Frau, du weißt immer ganz genau, was für deine Mädchen richtig ist« macht die alleinerziehende Mutter klein (das Buch *Little Women* meint die vier Töchter). »Euch sind Rembrandt und Rubens bekannt, und sie malten alle im Flandern-Land«: Rembrandt ist Holländer.

Damit *Space Dandy* (26 Folgen, 2014) nicht dauernd an Han Solo erinnert, darf eine Autorin das Drehbuch schreiben, die *Star Wars* nicht gesehen hat (Nobumoto Keiko, *Cowboy Bebop*). Damit die Aliens wirklich vielfältig und fremd wirken, machen 40 Designer*innen jeweils ihr Ding.

13 Folgen des Anime *Es war einmal* zeigen japanische Märchen, 1979 im ZDF. Doch davor? Und danach? Bis 1990/91 – mit *Miyuki* und *Die Königin der 1000 Jahre* – handelt kein Anime im deutschen TV von Japan oder japanischen Held*innen.

»Ein echt heißer Ritt! Hat mich an Katrin, mein erstes Pferd, erinnert«, lacht Cowboy Colt in *Saber Rider*. »Katrin« sagt Sprecher Christian Tramitz hier wegen Katrin Fröhlich (Aprils Synchronstimme). Schon die US-Version macht eine weiße Figur zum Anführer (statt den Japaner Fireball). Feind*innen werden nicht getötet, sondern »in ihre Heimatdimension geschossen«. Im Tonstudio in München (1988) soll Impro die Serie dann weiter auffrischen: »Gib mir Scheuerfutz!«

Die Stadt Otowa im Sommer. Die Stadt Otowa im Winter. Zeigt *ef: a tale of memories* (12 Folgen, 2007) zwei Cliquen am selben Ort – nur zeitversetzt? Nein. Eine Figurengruppe lebt in Otowa (Australien). Eine Gruppe in Otowa (Japan).

Manga, Anime und japanische Games geben Figuren oft bewusst keine Zeichen/Marker, an denen sich Herkunft ablesen lässt: Wir gehen von japanischen Figuren aus. Ob jemand in *a tale of memories* weiß ist, müsste für jede Rolle benannt werden. Am Zeichenstil ist es nicht sichtbar. »Mukokuseki« heißt die Konvention (Darstellungs-Norm): wörtlich »staatenlos, ohne Herkunft«.

Nach *Heidi* zeigt Fuji TV jedes Jahr eine Serie über Kindheit – als *World Masterpiece Theater*, bis 1997. Grundlage sind meist englischsprachige Klassiker über das 19. Jahrhundert. Eltern, geboren vor 1940, können Kindern durch die Serien zeigen, wie Tod und Hunger eine Kindheit prägen. Oder, hämischer: ›Wie gut ihr es heute habt!‹ *Die Schwarzen Brüder* (1995: über Mailand, 1875) und *Cosette* (2007: aus Victor Hugos *Die Elenden*) werden oft empfohlen.

Schwer zu vergessen: Sänger Bernard Minet im französischen Intro von *Saint Seiya* (114 Folgen ab 1986). Der deutsche Eurodance-Song (2000) zu *Astro Boy* (52 Folgen, 1980); und der Song *Planet O* – in Italien im Intro zu *Lupin III.* – bei dem Daisy Daze den Space-Robo-Piraten erst »Please don't touch me« zu-stöhnt, doch bald »Please enslave me«.

Die Niederlande, Deutschland, Spanien und Japan ko-produzieren *Alfred J. Kwak* (52 Folgen ab 1989, nach Herman van Veens Kinder-Musical von 1976). Vögel und viele andere Tiere stoppen die Diktatur der faschisti-schen Krähe Kra; und Ente Alfred liebt eine Schwarze Ente mit Dreadlocks: Winnie. Vorbild für Winnies Vater – ein Politiker, der gegen Segregation kämpft – ist Nelson Mandela (durch Widerstand von Mandela und vielen anderen endet 1991 die Apartheid in Südafrika). Mit einer Einschaltquote von 0,3 Prozent ist der Anime in Japan ein Flop. Doch ein niederländischer Mitarbeiter tröstet Hayashibara Megumi (Alfreds Sprecherin in Japan): »In den Niederlanden wird dich jedes Taxi kostenlos mitnehmen.«

DIE
7OER

Der Schriftsteller Mishima Yukio (geboren 1925; er hat eine Frau und zwei Kinder, doch auch queere Erfahrungen und viele queere Fans) liest Manga wie *Tomorrow's Joe* und Mizukis *Kitaro* und findet, Tezuka Osamu biedere sich (in Manga wie *Phoenix*) zu sehr der linken Studierendenbewegung an. 1970 begeht Mishima rituellen Suizid: Um einen rechten Militärputsch zu inspirieren, kidnappte er den Oberbefehlshaber des Heeres. Weil niemand putschen will, richtet er sich selbst. 2015 nennt ihn der italienische Zeichner Igort (geboren 1958) »eine Ikone« und den Tod durch Seppuku »tragisch«: »Die Linke stempelte ihn leichtfertig als Faschisten ab.«

Takahashi Rumiko (geboren 1957) ist die reichste Comic-Künstlerin der Welt: *Urusei Yatsura* (34 Bände ab 1978) zeigt die Alien-Prinzessin Lum. Ataru (17) gräbt jede Frau an. Lum ist ihm zu kämpferisch, doch sie denkt, er macht ihr einen Antrag: »Dann sind wir jetzt verlobt.« In 15 Bänden *Maison Ikkoku* (ab 1980) verwaltet die junge Witwe Kyōko ein Haus mit fünf möblierten Zimmern. Yūsaku will studieren – doch schaut lieber durch Löcher in der Wand auf Bardame Akemi.

Igort beschreibt Takahashi als pragmatische Märchentante, die am Fließband produziert, was ihrer Fangemeinde schmeckt. Die zweite Frau, die ihn beschäftigt, ist Abe Sada, die 1936 den Penis ihres Partners abschneidet und durch die Stadt trägt. Sonst spricht er – in *Kokoro*, 2019 und drei Bänden *Berichte aus Japan* ab 2015: Comic-Essays voll toller Wasserfarben-Bilder – über keine Frau im Detail; lobt seitenlang nur »große Männer«, »große Meister«. Sein Kinder-Manga *Yuri* und ein Seinen über die Mafia erscheinen Mitte der 90er in Japan. Als Japan-Erklärer ist er herablassend und patriarchal.

Statt Mangafiguren zeigt das Cover von *Shōnen Magazine* (Ausgabe 52/1972) das Idol Minami Saori. Seitdem zeigen alle Manga-Magazine meist Idols/Models auf dem Cover, oft in Bademode – außer *Shōnen Jump*.

Kamen Rider (ab 1971) fährt Motorrad und ist ein »Henshin«-Held: Nur bei Verwandlung hat er Superkräfte. *Super Sentai* zeigt ab 1975 jährlich ein neues Henshin-Team mit Helmen – ab 1993 im Westen als *Power Rangers* (mit neu gefilmter Rahmenhandlung in den USA). *Sailor Moon* zeigt Magical Girls als Sentai-Team. Sind die Szenen gefilmt statt gezeichnet, heißt das Format »Tokusatsu« – das Wort für »Spezialeffekt«. Auch *Godzilla* und *Ultraman* sind Tokusatsu-Reihen.

Für drei Jahre kauft das Animationsstudio Toei von Marvel Comics das Recht, Anime und Manga mit Marvel-Figuren zu entwickeln. Und Tokusatsu: Motocross-Biker Takuya (22) ist *Spider-Man* (1978 bis 79, 41 Folgen und ein Film) – mit Spinnen-Kräften vom Planeten Spider, Mecha Leopardon (60 Meter hoch) und dem Flug-Rennwagen Spider-Machine GP-7.

Battle Fever J (1979 bis 80: 52 Folgen und ein Film) zeigt Battle Japan, Battle France, Battle Kenya, Battle Cossack (aus der Sowjetunion) und Miss America. Jede Figur nutzt in Kämpfen Tanzschritte aus der Heimat (Warum aber tanzt Battle France Flamenco?). Die Grundidee zum Sentai-Tokusatsu: Captain America, neu erfunden als Captain Japan, sowie ursprünglich *ein* Sidekick aus einem anderen Kulturkreis. Zeittypisch schlecht: Battle Kenya ist keine Schwarze Figur, sondern ein Junge aus Japan, der im Dschungel aufwächst und mit Tieren spricht.

The Heart of Thomas (3 Bände, 1974: Suizid und schwules Trauma in einem Internat bei Karlsruhe) und *The Song of Wind and Trees* (17 Bände ab 1976: schwule Hassliebe in einem Internat bei Arles) zeigen fromme, vor Geilheit, Masochismus, Selbsthass bebende Elite-Snobs – gezeichnet wie Elfjährige. Die Mangaka Hagio Moto und Takemiya Keiko teilen bis 1973 eine WG, lieben Hermann Hesses *Demian* (1917) und *Heimliche Freundschaften* (Internatsfilm: Frankreich 1964). Kinderkörper, sexualisiert. Queere Figuren, wie Puppen durch schwülstigen Dreck gepeitscht. Erträglicher (weil Ikeda Riyoko Figuren erwachsener gestaltet): *Claudine* (1978), über den adligen trans Mann Claude – der aber auch stirbt.

MANGA FÜR ALLE (ALL AGES)

Chaos. Aber gemütlich! Robo-Hausmädchen Ponko kriegt wenig hin – doch hält einen Witwer auf dem Land in Schwung. Dass im Haushalt nichts klappt, ist egal. Die beiden schaffen sich Platz im Alltag – und üben, die schönen Momente zu sehen. (*Useless Ponko*, 10 Bände ab 2019)

Ein friedliches Ende der Welt. Gelassen und kompetent führt Alpha, eine Androidin, ein Café in Yokohama. Durch Klimakatastrophe und globalen Kollaps klappt nichts richtig. Der Alltag ist trotzdem schön: *Yokohama Shopping Log* (14 Bände ab 1994) ist ein frühes Highlight im Genre »Cozy Apocalypse« – gemütlicher Weltuntergang.

»Mein Verlag findet meine Arbeit wertlos«, twittert die Mangaka schwinn 2023. Sie dankt den vielen (oft lesbischen) internationalen Fans: *Hanamonogatari* (3 Bände ab 2022) zeigt eine Kosmetikerin über 60. Und als Heldin? Eine Witwe, die sich fragt: »Mich schminken? Mit ihr flirten? Darf ich das?«

Pflanz-Ratgeber und Romantik: Grafikdesigner Shun (32) nutzt seine Dachterrasse gern als Home Office und gibt der neuen Nachbarin Tipps fürs Gärtnern. Ihr Gesicht kennt er nicht: Sie ist ein J-Drama-Star (25) und wohnt zum ersten Mal allein und anonym. (*Today, again, on this Veranda*, 4+ Bände ab 2022)

Als sich der hübsche Nachbar vor Müllsäcken auf ihrem Balkon ekelt, bestellt Chiari (29) eine Beratung bei Sortier- und Entrümpelungs-Expertin Kondo Marie. Sach- und Erklär-Manga wie *Die KonMarie-Methode* (2017) sind anschaulich – und in Japan zu jedem Thema erhältlich. Auf Deutsch überzeugt *Mathe-Manga Statistik* (2008), auf Englisch *The Manga Guide to Physiology* (2015) und drei Bände *Survive! Inside the Human Body* (Manhwa, 2013).

Eislauf-Coach Tsukasa in *Medalist* (10+ Bände ab 2020) hat als Figur noch recht wenig Tiefe – doch ist auf sechs von zehn Buchcovern mit dabei. Denn Inori (11), Läuferin mit Lernschwäche, ist keine Shōjo-Heldin: *Medalist* ist Seinen; und Tsukasa spiegelt erwachsenen Männern: »Dieser nette Kerl stützt Inori. *Du netter Kerl* kaufst den Manga!«

Die freche Tante in *To be continued tomorrow* (4 Bände ab 2008) passt gut zu Frauen, die den Josei-Manga kaufen und lesen sollen. Die Hauptfiguren sind 11 (Haruka und die neue Nachbarin Saho, die seiner toten Mutter ähnlich sieht). So haben auch Shōjo- und Shōnen-Fans je eine zielgruppentypische, positive Figur. Kapitel 4 zeigt dann, wie Sahos Vater (ein Geschäftsmann) Harukas Schwester Saya (5) zufällig allein draußen sieht, mit ihr spontan durch Pfützen tollt und so ihr vertrauter Spiel-Freund wird. Ein Kind-und-Mann-Miteinander wie aus einem Wohlfühl-Seinen.

Naru (7) platzt ins Atelier von Kalligraf Seishū (23). Er bespaßt und betreut sie oft stundenlang (*Barakamon*, 19 Bände ab 2008). Grafiker Sōta (30) findet den Tanuki Poco – und wird über Nacht ›Vater‹ eines etwa vierjährigen, oft nackten Jungen mit Reißzähnen (*Poco's Udon World*, 12 Bände ab 2012). Shuto (16 oder 17) darf 100 Tage allein leben: Die Eltern sind beruflich im Ausland. Doch eine Kollegin reist spontan mit und überlässt ihm ihre Tochter Chiho (5), die er noch nie zuvor getroffen hat. (4 Bände ab 2015: *100 Days!!*)

Japan will »eine komplexe Welt oft vereinfachen«, indem eine Geschichte »auch aus Sicht der beteiligten Kinder erzählt wird«, schimpft ein Brite auf Goodreads über die (psychologisch nicht sehr tiefen) Hitlerjugend-Szenen in Tezukas *Adolf*. Na ja. Nein! Meist muss ein Kind in einem Manga für Erwachsene nur fragen: »Was läuft hier? Warum ist das so?« und alles ist ein gutes Stück vertieft-weil-verkompliziert.

»Warum ist das so?«, fragt ein Riesenvogel aus Russland, der eine Weile bei Arata (13) übernachtet: Aratas Bruder (18) ist Hikikomori – er bleibt im Zimmer und schottet sich von der Gesellschaft ab (aus Angst, die Uni-Zugangsprüfung nie zu schaffen). Der kindliche Vogel-Blick von außen bringt die Familie in neue Harmonie. (Wie *ALF* – in konstruktiv und höflich: *Kujima, if you sing, the House will fall apart*, 5 Bände ab 2021.)

Staunende Blicke von außen wirft in *Young Bride's Story* (15+ Bände ab 2008) der arglose Mister Smith: Er befragt Frauen entlang der Seiden-straße nach ihren Bräuchen. Die Nomadin Amir (20) wächst an den Kinder-Fragen von Karluk (12): Er ist ihr Ehemann. (Sex wollen beide noch nicht.)

In derselben Ära – und im selben Zeichenstil, prachtvoll und akribisch: *Tales of Craftsmen from Kanda Gokurachou* (1+ Bände ab 2021) zeigt pro Kapitel ein Handwerk in der Edo-Zeit (1603 bis 1868), meist von Frau-en ausgeübt. Seit einem Achtsamkeits- und Selbstfürsorge-Boom 1995 (Iyashi-kei) werden Wohlfühl-Manga – meist übers Staunen, Essen und/oder Zeit mit Katzen oder Kindern – »Iyashikei« genannt.

Chillige Zwillinge führen in *Is Kichijōji the only Place to live?* (6 Bände ab 2015) pro Kapitel eine Wohnung und deren Viertel in Tokyo vor, als Maklerinnen und Streetfood-Fans.

Zatsu Tabi: That's Journey zeigt Ausflüge fürs Wochenende (9+ Bände ab 2019). Ayumi (27) macht sich beim Wandern kleine Snacks, oft am Gaskocher: *Mountain and Appetite and Me* (18+ Bände ab 2015). Einfachste abgepackte Artikel – Reisbälle, Baumkuchen, Erdbeer-Sahne-Sandwiches – genießt Hausmädchen Suzume in *Food Diary of Miss Maid* (4+ Bände ab 2019).

Rezepte für Tartes, kleine Bistro-Gerichte oder Punsch: So endet jedes Kapitel von *A Coffee Shop in the Unwaking Town* (2 Bände ab 2017) über die zauberische Stadt Lutetia – und Suzume, die erfährt: »Du träumst uns alle nur!« Warum träumt eine Erwachsene, dass ein Cafébesitzer sie als Kind findet und seitdem umsorgt?

In fünf Kurz-Manga von 2021 zeigt Yamaji Ebine, wie sexistische Schulsysteme Mädchen in Saudi-Arabien, Marokko, Indien, Afghanistan und Japan fallen lassen. *A Witch's Life in Mongol* (3+ Bände ab 2021) zeigt Fatima aus Persien: Kann sie die Herrscherin Töregene beraten? *A Canvas of Spun Yarn* (2014) zeigt, wie sich Stickerinnen (heute und damals: in Japan, China, Georgien ...) emanzipieren.

Es gibt kaum Manga über Frauen, die Kinder finden und umsorgen. Auch Manga über die tägliche Sorgearbeit von Müttern bleibt selten. Shiori (16) wird von ihrer Mutter geschlagen. Ein gütiger Ermittler (seine Tochter ist ertrunken) lässt sie heimlich bei sich wohnen. Heilsam für sie. Für ihn. Für uns? Für Männer jedenfalls, die sich selbst gern als ›netten Kerl‹ sehen. Die Zielgruppe ist Seinen: *The Stray and the Weeds* (4 Bände, 2018).

In den USA hat jede dritte Person eine psychiatrische Diagnose, in Japan nur eine von 30. Das ist kein Grund zum Stolz, erklärt *Shrink* (12+ Bände ab 2019): Bei Suiziden liegt Japan weltweit auf Rang 6, die USA auf Rang 20. Konosuke, ein Psychiater mit ADHS, sieht viel Abwiegeln, Scham und Stigma.

DIE
80ER

»Wenn ich sterbe, kann ich vielleicht meinem vorigen Ich begegnen«, schreiben Fans an Hiwatari Saki. Ihr Shōjo-Thriller *Please Save My Earth* (21 Bände ab 1986) zeigt sieben Fremde, die merken: »Wir sind Aliens. Wir erinnern uns an ein voriges Leben auf dem Mond!« Einige finden sich durch einen Aufruf in der Zeitung. Doch auch reale Menschen antworten: »Ich gehöre dazu!«

Die frivole Ich-liebe-meine-Stiefschwester-Komödie *Miyuki* (12 Bände ab 1980; der Anime läuft 1990 auf Tele 5) und vier lange Reihen über Baseball (erschütternder Start, Band 1 und 2 lohnen sich: *Cross Game*, 17 Bände ab 2005) zeigen eine Stärke von Adachi Mitsuru (geboren 1951): Tiefgang durch Bilder ohne Text. »Was zeigt mir das?« Über drei, vier wortlose Panels hinweg sucht man den springenden Punkt. Meist ist der Punkt eine kleine Ironie – wehmütig und clever.

Japan liebt Fußball – seit *Captain Tsubasa* (37 Bände ab 1981, 128 Folgen ab 1983; später weitere Reihen, Filme, Serien). 1987 zeichnet Ozaki Minami (mit 18) einen BL-Dōjinshi mit Tsubasa-Figuren (Kojirō und Ken); ab 1989 wird daraus der Boys-Love-Bestseller *Zetsuai/Bronze* (19 Bände). Ab etwa 2000 werden BL-Fans »Fujoshi« (verdorbenes Mädchen) genannt; doch sie machen daraus eine Selbstbezeichnung. (»Fudanshi« ist die männliche Form.)

Büro-Welten der 80er: Der Mangaka von *Kosaku Shima* (88+ Bände ab 1983) war selbst Salaryman bei Panasonic und zeigt, wie ein junger Vater beim fiktiven Konzern Hatsushiba Electric Karriere macht. Ab 2022 ist die Figur Vorstandsmitglied. Wer (Business-)Japanisch üben will: Einige Bände erscheinen zweisprachig. *Good Person* (26 Bände ab 1993: *Ii Hito*) zeigt das Chaos, das ein Angestellter anrichtet, falls er mitdenkt und Rücksicht nimmt. *Natsuko's Sake* (12 Bände ab 1988) zeigt auf höchstem Niveau: Sexismus in einer Werbeagentur. Und dann: Sexismus im Dorf – als Natsuko die Brauerei des Vaters übernimmt.

Cyborgs vom Planeten Micro sind so klein, dass sie sich auf der Erde als Spielfiguren tarnen: *Microman* (6 Bände ab 1977) bewirbt diese Figuren (erhältlich von 1974 bis 84). Modelle ab 1981 können so verstellt und bewegt werden, dass sie aussehen wie eine Laserpistole oder eine Musikkassette. Ab 1985 werden 15 »Microchange«-Figuren (zusammen mit einer anderen Figuren-Welt, ebenfalls vom Hersteller Takara: Diaclones) in den USA zur Hasbro-Spielzeugreihe Transformers entwickelt.

1982 nutzt Lynn in *Macross* die altmodisch-förmliche Anrede »Otaku«. Als Zeichen von Distanz (viele Manga/Anime-Fans suchen keinerlei Miteinander) sagen einige Fans »Otaku« zueinander; und eine ätzende Kolumne 1983 nennt dann alle Fans »Otaku«. Erst wird daraus eine Selbstbezeichnung; doch als ein Anime-Fan ab 1988 vier Mädchen (im Alter von 4 bis 7) tötet, wird »Otaku« in Japan zum Schimpfwort.

»Lolitakomplex« – »Mädchen im Alter der zwölfjährigen Romanfigur Lolita (oder jünger!) erregen mich« – wird in Japan zu »Lolicon« verkürzt. »Shotacon« meint Jungen (nach Shōtarō, 10: Er fernsteuert im Manga *Tetsujin 28*, 1956 einen Riesen-Roboter). 1979 zeichnet Azuma Hideo die ersten Loli-Dōjinshi. (Er sagt: im Scherz, als Tabubruch.) Kein Abwiegeln, keine falsche Toleranz: Wer Kinder in Worten und Zeichnungen sexualisiert, normalisiert Gewalt an Kindern.

1907 erfindet Maurice Leblanc den Gentleman-Dieb Arsene Lupin. *Lupin III.* (1971) ist sein Enkel; und 1982 soll der Kinder-Anime *Lupin VIII.* einen Zukunfts-Lupin mit Gadgets zeigen. Die Folge wird nie sendefertig; denn bis 2016 steht der Name unter Schutz. Darum heißt der *Lupin*-Film 1979 im Westen *Das Schloss des Cagliostro*; und aus der *Lupin VIII.*-Idee wird *Inspektor Gadget* (86 Folgen ab 1983).

Das Soundword ドン (Don) klingt wie ein Paukenschlag und ist ab 1997 oft in *One Piece* zu sehen: Boom. Bäm! Unser Buchcover zeigt es rechts oben. *JoJo's Bizarre Adventure* nutzt ab 1987 das Soundword ゴゴゴ (gogogo), eine Lautmalerei für bedrohliche, dräuende Stimmung: ein Rumpeln und Grollen; unser Cover zeigt es links unten. Kleine Bögen, von Strichen durchkreuzt (wie hier im Buch zwischen jedem Fakt als Trenner) stehen für Gelächter, Heiterkeit und gelöste Stimmung.

SKANDALE

Sensible Themen:
In diesem Kapitel werden viele Übergriffe (sexualisierte Gewalt) behandelt.

Springt ein ungarisches Kind aus dem Fenster, um auf Son Gokus Überschallwolke zu landen? Oder stirbt es beim Versuch, ein Auto mit Gokus Kamehameha-Angriff zu stoppen? Ursprung der Gerüchte ist wohl die Türkei, wo 2000 zwei Kinder (4 und 7, beide überleben) von Balkonen springen, um Pokémon nachzuahmen. Für 24 Monate wird der Anime nicht im TV gesendet.

Pick-up Artists zeigen, wie man Menschen (meist Frauen) so verunsichert und manipuliert, dass sie sich auf Sex einlassen, den sie nicht wollen. Als Woo Sang-ho 2018 twittert, dass er Kolleginnen im Büro und auf einer Feier belästigt hat, werden seine Pick-up-Manhwa *Pervert Club* (ab 2017) und *Skill of Lure* (ab 2014) beendet.

Weil er Tonfolgen der Band Propaganda und Filmmusik (wie aus *Avatar*, 2009) plagiiert, wird Yamamoto Kenji – Komponist bei *Dragon Ball Z*, Chefkomponist bei *DBZ Kai* – 2011 gefeuert. *Flower of Eden* (12 Bände) wird 2005 nicht mehr verkauft, weil Suetsugu Yuki aus *Slam Dunk* und *REAL* abzeichnet. Inoue Takehiko zeichnet für *Slam Dunk* (Basketball: 31 Bände ab 1990) Fotos von NBA-Spielen ab. Lesbische Romanzen (Yuri) werden meist von Männern gezeichnet: 2012 endet *Prism* – weil der Mangaka (Higashiyama Shou) abzeichnet.

Als die Polizei 2017 ermittelt, wer Pornografie mit Minderjährigen kauft, werden bei Watsuki Nobuhiro (geboren 1970) viele Filme entdeckt. Er sagt, er »mag« Mädchen zwischen 11 und 14 und zahlt etwa 1200 Euro Strafe. Sein Manga *Rurōni Kenshin* (40+ Bände ab 1994) läuft weiter. Oda Eiichirō, sein ehemaliger Assistent, nennt ihn 2021 »eine fantastische Person«.

2002 bietet ein Mangaka einer Sechzehnjährigen Geld für Sex. Seine Reihe in *Shōnen Jump* (eine Kinder-Comedy über Führungsqualität, 24 Bände) wird beendet – doch nach zwei Jahren auf Bewährung hat er bei *Jump* immer neue Reihen: Shimabukuro Mitsutoshi (geboren 1975). 2013 erlauben Toriyama und Oda einen Crossover-Anime zwischen *Toriko* (43 Bände ab 2008), *Dragon Ball* und *One Piece*. Oda und Shimabukuro sind seit 1998 befreundet.

Gundress (1999) kommt ins Kino, obwohl Szenen nicht fertig gezeichnet sind. Beim Anime zu *Thunder Jet* (27 Bände ab 1989) wird 1994 massiv gespart – denn 1993 veruntreut Verlagschef Kadokawa Haruki Gelder, lässt Kokain aus den USA schmuggeln und wird verhaftet. 2020 muss Maki Tomohiro, Geschäftsführer von Gainax, für zwei Jahre ins Gefängnis, weil er bei Fortbildungen eine Sprecherin (unter 20) zu Nacktfotos und Massagen genötigt hat. 2024 meldet Gainax Insolvenz an.

2022 erhält Mangaka Suzuki Kenya eine Bewährungsstrafe, weil er sich Fotos nackter Kinder aus Deutschland schicken ließ. 2021 bietet Itō Kōichirō, Produzent von *Your Name*, einer Fünfzehnjährigen Geld, ihm Nacktfotos zu schicken.

Act-age (12 Bände ab 2018) wird beendet und ab August 2020 weltweit nicht mehr durch *Jump* verkauft – weil Autor Matsuki Tatsuya vom Fahrrad aus Passantinnen (beide unter 16) gepackt und betastet hat. Nur Usazaki Shiro, Zeichnerin von *Act-age*, erklärt ihre Solidarität mit den Schülerinnen.

Uchida Shungiku wird mit 14 und 15 von ihrem Stiefvater zum Sex gezwungen; ihre Mutter weiß davon. Von 1984 bis 2000 zeichnet sie Manga, 1993 erscheint ihr autobiografischer Roman *Father Fucker*. Heute ist sie Schauspielerin und Drehbuchautorin.

Falls sie für andere Verlage arbeitet, nimmt Shōgakukan ihre bisherigen Manga vom Markt, hört Shinjō Mayu 2007. Sie findet Rechtsschutz und macht die Drohung öffentlich.

Eine Frau über 40 macht Bauchtanz. Als Mangaka Ashihara Hinako findet, das J-Drama zu *Sexy Tanaka-San* (7 Bände ab 2017; 10 Folgen 2023) verfehlt Ton und Figuren, soll sie das Drehbuch zu Folge 9 und 10 selbst schreiben – ohne Hilfe. Als beide Folgen schlecht ankommen, erklärt sie sich online. Dann löscht sie den Text, entschuldigt sich, gepostet zu haben und nimmt sich das Leben.

Darrien Hunt (22) wird 2014 von der Polizei gejagt und erschossen, weil er auf einem Parkplatz ein Deko-Schwert bei sich trägt. Hunt ist Cosplayer – und Schwarz. 2007 töten vier Fans von *Death Note* einen Bekannten (26) bei Brüssel und legen ihn verstümmelt (und mit den Worten »Ich bin Kira« – auf Zetteln, auf Japanisch) in einem Park ab.

In Deutschland fehlen 2021 zwei Seiten aus *Hinowa ga Crush* (8 Bände ab 2017), auf denen ein Mann Sex mit einem Rochen hat. Aki und Sora sind Schwester und Bruder – Band 1 und 3 der Inzest-Reihe *Aki Sora* sind seit 2011 in Tokyo verboten. 2002 wird die Manga-Reihe *Vampire Master* in Deutschland indiziert. Auch Hakenkreuze müssen aus (nicht-pädagogischen) Manga und Games entfernt werden.

Shin-Chan (5) malt gern Elefanten-Ohren um seinen Penis. Folge 104 von *Sailor Moon* zeigt einen älteren Jungen (etwa 10, die Sprecherin spricht auch Shin-Chan), der eine Shin-Chan-Puppe vor der jüngeren Chibi-Usa fallen lässt, sich Hose und Unterhose auszieht und Zweideutigkeiten im Shin-Chan-Stil raunt. Der Penis wird nicht gezeigt, die Folge wird gesendet. Doch der Anime-Comic (ein Comic aus Filmbildern mit Sprechblasen) wird in Deutschland verboten (*Sailor Moon*, Heft 21/2000).

Eine Bildrolle, dazu der Vortrag einer Geschichte: Kamishibai sind seit dem 8. Jahrhundert ein Vorläufer von Manga; anfangs an buddhistischen Tempeln. 1992 animiert Harada Hiroshi allein einen Film zum 20er-Jahre-Kamishibai um Midori (etwa 12), die im Zirkus durch Behinderte sexualisierte Gewalt erfährt. Erst 2006 erscheint *Midori/Mr. Arashi's Amazing Freak Show* unzensiert.

Als Tiefpunkte gelten *Pupa* (2011: Inzest-Horror), *Paradise of Innocence* (ab 2010: Zehnjährige, sexualisiert); und im Westen auch der Manga (2008) zu Hitlers *Mein Kampf. Skelter+Heaven* und *Ex-Arm* (2004 und 2011) werden für die lausigen CGI-Effekte kritisiert. Der Held im Manga *New Life+* (10 Bände ab 2016) hat ab 1937 für Japan 5000 Chines*innen erstochen; doch das steht nur in der Vorlage: einer Web Novel. Der Manga läuft drei Jahre weiter. Ein Anime wird abgesagt.

China nimmt 2020 *My Hero Academia* aus dem Verkauf, weil der Forscher/ Schurke Shiga Maruta nach der realen Einheit 731 benannt ist – Dr. Shiga Kiyoshi, vom Projekt »Maruta«. Bei Versuchen in der von Japan besetzten chinesischen Region Mandschurei sterben ab 1932 über 3000 Menschen. Verlag und Mangaka entschuldigen sich, der Name wird geändert.

K-Drama und K-Pop treten die »Koreanische Welle« (Hallyu, in Japan Hanryū) los: Besonders China und Japan begeistern sich ab den 90ern für Südkoreas Popkultur. *Hating the Korean Wave* (10 Bände, 2005 bis 2015) ist ein rassistischer Aufstachel-Manga, in dem japanische Figuren nur Schlechtes über Korea ›lernen‹ – und rechts-nationalistisch aktiv werden. Auch *Gōmanism Sengen* (ab 1995) zeigt Korea, Taiwan und die USA als Mächte, denen Japan nichts schuldet: keinen Respekt, keine Reparationen.

Nasenbluten – durch hohe Radioaktivität in Fukushima? Im Koch- und Gourmet-Manga *Oishinbo* (111 Bände ab 1983) klagen Betroffene im Umland des 2011 havarierten Atomkraftwerks über Erschöpfung und Schmerzen. Auch Gastro-Kritiker Shirō blutet am Ende des Kapitels (2014). Premierminister Abe Shinzō – rechtskonservativ; er regiert Japan fast neun Jahre lang – kritisiert das Kapitel. Für Nasenbluten und Gesundheitsschäden gäbe es »keinen sicheren Beleg«. Seitdem pausiert der Manga.

Dōjinshi nutzen oft geistiges Eigentum, unerlaubt – doch werden toleriert. Nur 1999 sitzt eine Mangaka 22 Tage in Untersuchungshaft: Ihr Dōjinshi schadet, so Nintendo, dem Ansehen der Marke Pokémon (Ash und Pikachu haben hier Sex).

Im Dezember 1997 müssen 600 Menschen nach *Pokémon* ins Krankenhaus: Eine rot-blaue Flacker-Attacke von Pikachu in Folge 38 löst epileptische Anfälle aus.

DIE
90ER

Sailor Moon (Dezember 1991) und Chun Li aus *Street Fighter II* (März 1991) tragen dieselben Dutts: Chinesinnen werden in Japan oft mit Odango-Haarknoten gezeigt (1982: Lynn in *Macross*; 1988: Shampoo in *Ranma ½*). Takeuchi Naoko trägt die Frisur schon vorher oft privat – als Glücksbringer an der Uni.

Damit Boxer Mike Tyson nicht gegen *Street Fighter II* klagt, heißt die nach ihm gestaltete Figur M. Bison im Westen »Balrog«: Japans Balrog (Torero mit Maske) heißt Vega, Japans Vega (Diktator in Uniform) heißt M. Bison – ein Dreier-Tausch. Der Bühnenmagier Uri Geller klagt 2000, weil das Pokémon Kadabra Gellers Markenzeichen hält: einen Löffel (den Kadabra und Geller via Gedankenkraft verbiegen können).

In Japan sind Jesse und James (*Pokémon*) nicht nach dem US-Banditen Jesse James benannt, sondern nach Miyamoto Musashi und Sasaki Kojirō. Das Duell der Samurai-Rivalen (1612) ist auch Vorbild für den Konflikt zwischen Cloud und Sephiroth im Game *Final Fantasy VII* (1997). Chocobos, die Reitvögel im Spiel, sind 1988 nach den Schoko-Malzkugeln Chocoball benannt – und gestaltet wie die Gastornis in *Nausicaä* (1982).

Clouds Schwert ist riesig wie Guts' Dragonslayer in *Berserk* (1989). Doch Guts ist muskulös, Cloud schlank-androgyn – denn Helden im Shōjo-Stil (in Shōnen-Reihen wie *Yū Yū Hakusho*, 19 Bände ab 1990) bringen damals auch *Shōnen Jump* neue Leserinnen (›Bishōnen Jump‹). 1989 gelten Schwerter und »Heroic Fantasy«-Bildwelten meist als kindisch oder Parodie (durch Spielfiguren wie He-Man und Heavy-Metal-Poster). Doch *Berserk* inspiriert ernste Games wie *Dark Souls* (2011; später auch *Bloodborne* und *Elden Ring*). Und: Guts fußt nicht auf Götz von Berlichingen – doch beide sind Ritter und nutzen Arm-Prothesen.

Ab *Guyver* (1990) dreht die USA elf Filme nach Manga-Vorlage. Gelobt werden nur *Edge of Tomorrow* und, halbwegs, *Alita* (2011, 2019). *City Hunter* (35 Bände ab 1985) wird ein Jackie-Chan-Film (Hong Kong, 1993) und ein französisches Remake (2018). *Oldboy* (Korea, 2003) und *Gipfel der Götter* (animiert: Frankreich 2021, nach Taniguchi Jirō) haben Vorlagen aus den 90ern und viele Fans.

Als japanisch-französische Serie (ab 2023) zeigt *Drops of God* Frankreich und Japan (statt wie im Manga: nur Japan, 72 Bände ab 2004), hat mehr Schwung und interessantere Frauen. Wie Frankreich 2010 dagegen alles (!) Japanische aus *Vertraute Fremde* (Manga-Vorlage von 1998, von Taniguchi Jirō) streicht, tut weh.

In Südkorea erscheint Staffel 1 von *Sailor Moon* nur zensiert (auf Video, 1994). Ab 1997 dürfen nur 163 von 200 Folgen ins TV. Dass Rei in einem Shinto-Schrein als Miko dient (wie Takeuchi selbst im Studium), wird nie gezeigt. Japanische Schrift wird entfernt. Alles spielt in Seoul statt Tokyo. Manga werden dort erst ab 1998 verkauft, japanische Games ab 2000. Noch 2010 wird ein K-Pop-Song verboten, weil er das japanische Wort »Udon« als Titel hat. (Koreas Japan-Boykott beginnt 1945: als Japan Korea nach 40 Jahren nicht weiter als Kolonie ausbeuten kann und freigeben muss.)

Twin Peaks (ab 1990, USA) und *Evangelion* (1995) befeuern denselben Trend: »Mystery« meint im Englischen Krimis, bei denen Motiv und Tathergang lange *mysteriös* bleiben. Nur Deutschland meint mit Mystery (ab 1995: Werbung für *Akte X*) mysteriösen Grusel (und Verschwörungen). Die Serien der 90er werden komplexer – weil man jetzt online nachlesen/den Überblick behalten kann (und weil das Netz zeigt: Fans lieben Theorien und »Myth Arcs«). Manga im Mystery-Ton sind *Monster* (18 Bände ab 1994), *Beyond Twilight* (30+ Bände ab 1995) und *Ayashi no Ceres* (14 Bände ab 1996).

Lost (ab 2004, USA) hat 34 Hauptfiguren. Keine ist queer. Shimizu Reikos *Prinzessin Kaguya* (27 Bände ab 1993) zeigt androgyne Teenager, gestrandet auf einer Insel voller Tempel, Grusel, Klon-Labore, Militäranlagen. Wie *Lost* – in lesbisch. Komplexe, theatrale Shōjo-Mystery zur Frage, wessen Körper genutzt, erlegt, geschwängert werden: in Gruppen und in Adelshäusern, von Staaten und ›aus Liebe‹.

VIELFALT

Die meisten Pokémon, die Ash fängt, sind männlich.

Ranmas Vater fällt in eine Quelle, in der ein Panda ertrunken ist: Trifft ihn kaltes Wasser, wird er zum Panda. Ranma fällt in die Quelle des ertrunkenen Mädchens. Nur mit heißem Wasser verschwinden Vulva und Brüste – und er sieht wieder aus, wie er will: Die Dysphorie ist fort. Sein Körper passt ihm.

Kei ist Arzt. Ihm wurde der Uterus entfernt. Ist Kei also ein trans Mann? Hat er den Körper und (einige) Geschlechtsmerkmale so angeglichen, dass er sich wohler fühlt: weniger Dysphorie? Das lässt Tezukas *Black Jack* (17 Bände ab 1973) offen. Der Uterus wird nur entfernt, weil dort Tumore wachsen. Dass ein Mensch wegen einer OP denkt »Tja. Ohne Uterus *darf* ich wohl keine Frau mehr sein« ist Quatsch. Und Horror!

Najimi in *Komi can't communicate* (33+ Bände ab 2016) ist nichtbinär: kein Junge, kein Mädchen. König Richard III. (*Requiem of the Rose King*, 13 Bände ab 2013), Astronaut Luca (*Astra Lost in Space*, 5 Bände ab 2016) und Miyuki in *Kowloon Generic Romance* (9+ Bände ab 2019) sind intersex.

Eine Person von etwa 1000 kommt mit Geschlechtsmerkmalen zur Welt, die nicht eindeutig sind. *IS – Otoko demo onna demo nai sei* (17 Bände ab 2003) zeigt, dass intersex Menschen oft als Mädchen angesprochen und erzogen werden. Bis 2021 erlaubt Deutschland OPs an intersex Babys. Meist werden Hoden entfernt, zur ›Vereindeutlichung‹ des Geschlechts. Haru in *IS* hat Hoden, eine Vulva, Brüste und menstruiert. Wie jeder Mensch kann nur Haru selbst wissen: Bin ich ein Mann? Eine Frau? Agender? Nichtbinär? Genderfluid?

Michi besteht aus künstlichen Proteinen. In Michis Rachen ist ein Gender-Schalter: Fremde greifen in Michis Mund und schalten auf »Junge« oder »Mädchen«. (Tezukas *Metropolis*, 1949)

Nur der Prinz darf König werden – darum gibt der König seine Tochter als Prinz aus. Tatsächlich ist Sapphire beides. Er*sie kommt »mit zwei Herzen« zur Welt, »einem männlichen und einem weiblichen«. (Tezukas *Princess Knight*, 3 Bände ab 1953)

Weil Drehgenehmigungen in Japan viel Mühe machen, filmen viele nicht-japanische Teams in Kanada oder Neuseeland. *Tokyo Vice* dreht vor Ort (zwei Staffeln ab 2022); auf Basis der Memoiren von Jake Adelstein, der ab 1999 für die Tageszeitung *Yomiuri Shinbun* über die Yakuza schreibt. Er ist Jude. Darum ist auch Benny, US-Journalist in *Black Lagoon* (13 Bände ab 2001), jüdisch.

Anne of Green Gables (gute Manga-Version: 1997, von Igarashi Yumiko) zeigt Prince Edward Island um 1880. Indigene Figuren kommen nicht vor. *Vinland Saga* (28+ Bände ab 2005) zeigt dieselbe Insel etwa 1010. Das Action-Epos beginnt albern wie *Asterix*, wird ab Kapitel 2 blutig und packend – und ab Band 25 sind die indigenen Mik'maq so wichtig wie Thorfinn und die Siedler*innen aus Island. Eine Manga-Saga – über Kolonialgewalt und einen Wikinger, der Pazifist sein will.

In *Red: Living on the Edge* (19 Bände ab 1998) ziehen der indigene Red, Samurai Iero und die Sexarbeiterin Ann 1880 durch Arizona. Haida Manga sind Manga der indigenen Haida an Kanadas Westküste: Der Haida-Künstler Michael Nicoll Yahgulanaas liest Manga und wird in Japan ausgestellt.

Die indigenen Ainu auf Japans nördlichster Insel (Hokkaido) werden im 19. Jahrhundert enteignet und mit Zwangsarbeit ausgebeutet. *Golden Kamuy* (31 Bände ab 2014) spielt 1907 und zeigt die Jägerin Asirpa. Viele Ainu finden die Reihe anmaßend und benennen Fehler.

Fullmetal Alchemist (2001) zeigt den Genozid an den Ishval. Weil der Manga, zwei Anime-Serien sowie ein Anime-Film, der Parallelen in Nazi-Deutschland sucht (2005), jeweils andere Autor*innen haben, hat die Militär-Macht Gemeinsamkeiten mit Japan, Deutschland und den USA; die Ishval mit Ainu, Armenien, Afghanistan, Rom*nja und/oder Jüdinnen*Juden.

Weil man den kleinen Finger braucht, um Schwerter gut zu führen, tun Yakuza Buße, indem sie Glieder ihrer Finger abtrennen (Yubitsume). Comicfiguren im Westen haben oft nur drei Finger (plus Daumen). In Japan sind fehlende Finger (und Tatoos) Merkmale von Yakuza. Viele Badehäuser (Sento) und Thermalbäder (Onsen) erlauben tätowierten Menschen keinen Zutritt. Piccolo hat im *Dragon Ball*-Anime vier Finger plus Daumen, in der Manga-Vorlage drei.

Zatōichi ist Samurai, Masseur – und blind: Held einer Film- und TV-Serie ab 1962. *REAL* (über Basketball mit Rollstuhl, 15+ Bände ab 1999), *Perfect World* (Josei: Tsugumis Schwarm aus der Schulzeit nutzt jetzt den Rollstuhl, 12 Bände ab 2014) und *I hear the Sunspot* (BL: Kōhei wird gehörlos, 7+ Bände ab 2014) zeigen viel Alltag und erklären einige Barrieren.

A Silent Voice (7 Bände ab 2013) zeigt zwar Shōko, gehörlos und depressiv – doch ihr Mobber Shōya hat viel mehr Raum. Seine Geschichte zählt! Yuki (19) in *Ein Zeichen der Zuneigung* (11 Bände ab 2019) ist gehörlos – und tief beeindruckt von Nagi (22, er kann hören), der Sprachen lernt, reist ... *und Yuki beachtet*. Dass man sie ausgrenzt, sehen behinderte Figuren meist als persönliches Versagen: Du fühlst dich klein, entmutigt, defizitär? Das liegt an Stigma und Politik. Nicht an dir.

Wer Reize nicht »neurotypisch« verarbeitet, sondern zum Beispiel mit ADHS lebt, ist neurodivergent. *My Brain is different* (2018) fragt neun Autist*innen nach Teilhabe und Ableismus (Behindertenfeindlichkeit). Ein »own voices«-Manga: Betroffene berichten selbst.

My Wife has a Developmental Disorder (8 Bände ab 2019) und *With the Light: Raising an Autistic Child* (15 Bände ab 2000) feiern, trösten und empowern vor allem nicht-behinderte Angehörige. *Komi can't communicate* und *Delicious in Dungeon* (14 Bände ab 2014) erklären wenig – doch viele neurodivergente Fans lachen: »Stimmt. So ist das bei mir auch!«

Hetero-Frauen denken bei Lesben an »Abnormale aus Pornos oder an seltsame Leute aus anderen Ländern«, meist »aus dem Westen«, warnt Hattori Ayako im Aufsatz ›Heterosexism and Women's Lives in Japan‹ (1999). Die feministische Bären-Parabel *Yuri Kuma Arashi* (12 Folgen, 2015) zeigt: In Geschichten wirken Bären und Lesben süß. Im echten Leben rufen alle: »Räuberisch! Haltet Distanz!«

Indem Boys Love kaum Frauen zeigt, können Leser*innen eine breit gefächerte Gefühlswelt kennenlernen und »genießen«, die befreit ist »von dem allgemeinen Spannungsfeld männlich-weiblicher Beziehungen« schreibt David Castellazzi (Panini Comics) 2002 im Nachwort von *New York, New York*. Lesen Meschen BL, um über Liebe zu lesen – ohne an Weiblichkeit, Sexismus und Mann-Frau-Erwartungen zu stoßen?

Yuriko liebt Boys Love und hofft, dass ihr Ehemann bald mit dem Gärtner knutscht: Gakurōta ist schwul, Yuriko ist asexuell; *I want to be a Wall* (3 Bände ab 2019) zeigt die Zweck-Ehe – überraschend respektvoll und psychologisch.

Ist Ruffy aromantisch und asexuell (»aroace«)? Gol D. Roger zeigt kein Interesse an Romantik und Sex – doch verliebt sich am Ende der Reise und wird Vater. Darum vermuten einige Fans, dass Ruffy ein Kind mit Vivi zeugt, sobald er das One Piece gefunden hat.

Weiße Butler-Handschuhe (auch bei Micky Maus), wulstige Lippen und Gesichter, die aussehen wie schwarz bemalt? So kopieren frühe Comicfiguren den rassistischen Blackface-Stil: Ab 1830 werden in den USA und in Europa Schwarze Menschen von schwarz geschminkten Acts in Bühnenshows verspottet und entmenschlicht. Mr. Popo aus *Dragon Ball*, Cyborg 008 aus *Cyborg 009* (36 Bände ab 1964) und Daisaku aus *Danganronpa 3* (Anime, 2016) haben ein »Blackface-Design«.

Beim Pokémon Rossana wird die Gesichtsfarbe von schwarz zu lila geändert (2002). *Jungle Kurobe* (1973) wird seit 1989 nicht mehr verkauft (Manga) und gesendet (Anime), auch *Kimba, der weiße Löwe* von Tezuka steht in den 90ern in Japan nicht in Buchläden – denn eine Anti-Diskriminierungs-Gruppe aus Osaka bittet Verlage ab 1988, rassistische Kinderbücher wie *Little Black Sambo* (in Japan ab 1953 beliebt) und Manga mit Figuren im Blackface-Look nicht weiter anzubieten.

Aus Vorsicht zeigen Manga ab 1988 besonders wenige Schwarze Figuren. Nadia aus *Die Macht des Zaubersteins* (1990) soll erst aus Afrika und Schwarz sein – dann sagt Gainax, das Haar Schwarzer Menschen sei zu schwer zu animieren. Für Takenori Akagi in *Slam Dunk* zeichnet Inoue Takehiko 1990 Fotos des Schwarzen NBA-Stars Patrick Ewing nach – doch Akagi ist nicht Schwarz.

Tennis-Star Ōsaka Naomi ist Schwarz, Japanerin, und wird 2019 im Anime-Stil gezeigt (für eine Nissin-Werbung im Look von *The Prince of Tennis*, 84+ Bände seit 1999) – mit viel zu heller Haut: »Whitewashing«. *Terra Formars* (21+ Bände ab 2011) zeigt Adolf und Eva, die gegen Aliens im Blackface-Design kämpfen.

In den Spielfilmen zu *Golden Kamuy* und *The Promised Neverland* (2024, 2020) wird Asirpa nicht von einer Ainu gespielt, und Schwester Krone nicht von einer Schwarzen Darstellerin. Major Motoko Kusanagi wird im US-Film zu *Ghost in the Shell* von Scarlett Johansson gespielt (2017). In *King of Fighters* (2009) hat Kyo Kusanagi einen asiatischen Kinder-Darsteller – und ist erwachsen dann weiß (Whitewashing).

Ami in *Sailor Moon* ist schüchtern. Sie lernt konzentriert. In Kapitel 2 hat sie pixelige Ziffern vor Augen, als sie das *Sailor V*-Game spielt – denn Takeuchi Naoko plant: Sie ist ein Cyborg. Zu viele nichtbinäre Figuren sind Feen, Kunstwesen, Roboter. Und auch »autistisch«, »asexuell«, »hochbegabt« und »Roboter(haft)« werden dauernd vermischt. Ami ist kein Cyborg. (Aber Bunny hat ADHS. Oder?)

Besonders in den späten 80er Jahren verdient Nintendo viel Geld mit Büchern, die ein einzelnes Game erklären: 1985 ist *Super Mario Bros.: The Complete Strategy Guide* das meistverkaufte Buch in Japan. 1996 zeigt das Titelbild des ersten Guidebooks zu *Pocket Monsters* den Trainer Rot, den Rivalen Blau und, von hinten, eine Trainerin im schwarzen Kleid. Zuerst ist auch fürs Game eine Trainerin als spielbare Figur geplant. Dann wird darauf verzichtet: Erst ab 2000 (in Deutschland 2001: Krista in *Pokémon Kristall-Edition*) gibt es spielbare Heldinnen. Doch das Mädchen im Kleid wird Vorlage für die Figur Grün: im Manga *Pokémon – Die ersten Abenteuer* (ab 1997) von Anfang an eine der Protagonist*innen.

DIE OOER

Wenn Magical Girls erwachsen werden, verlieren sie die Kräfte. Meist werden sie Hausfrau und Mutter. Figuren bei *Pretty Cure* (20+ Anime-Serien seit 2004, gut 50 Folgen pro Jahr) behalten die Magie, zeigt *Kibō no Chikara – Otona Pretty Cure '23* (12 Folgen, 2023). Mit Henri (Mini-Rolle, 2018) und Tsubasa (Hauptrolle, 2023) werden auch Jungen zu Cures. Zielgruppe von *PreCure* sind Mädchen unter 12. Doch viele Ältere feiern die Erzählstimmung: Die Cures nutzen girly Zauber-Licht-Attacken. Und Fäuste! Auch das düstere *Madoka Magica* (ab 2011) ist bei Männern beliebt: Magical Girls in einem Pakt wie Goethes *Faust*.

Bruno in der *Lindenstraße* ist Mangaka. Er ist gewaltsam und wird von Anna versehentlich in den Tod gestoßen (2008). Lolle zeichnet Comics im Manga-Stil (2002: *Berlin, Berlin*). Die Sängerinnen Courtney Love (*Princess AI*, 3 Bände ab 2004) und Avril Lavigne (*Make 5 Wishes*, 2 Bände 2007) schreiben Manga. Zu US-Serien wie *Gossip Girl* gibt es Manga; *Powerpuff Girls*, *Witchblade*, *Highlander* und *Supernatural* wurden als Anime umgesetzt (2006, 2006, 2007 und 2011). *W.I.T.C.H.* (Comic ab 2001), *Winx Club* (Trickserie ab 2004) und *Mia and me* (Serie, teils animiert, ab 2011) sind Magical-Girl-Welten für Italien.

Shangri-La Frontier (17+ zügige, einladende Bände ab 2020) zeigt, wie Rakurō ein Online-Game erkundet. Vorlage ist eine Web Novel, ab 2017 stückweise auf einer Website gepostet. Light Novels dagegen sind meist recht kurze gedruckte Bücher, haben Illustrationen, erscheinen oft als Serie und für junges Publikum. *Sword Art Online* (34 Light Novels ab 2002, Anime ab 2012) und *.hack* (Games, LNs, Manga, Anime 2002 bis 2017) zeigen Online-Games und Kampf gegen Künstliche Intelligenzen. Falls die reale Welt Punkte, Level, Skills zählt wie ein RPG (Role-Playing Game), spricht man von »RPG Mechanics« (zum Beispiel in *Solo Leveling*: Manhwa, ab 2018).

Im Westen meint »Isekai« (»eine andere Welt«) alle Prämissen, bei denen ein Alltagsmensch durch Wiedergeburt, Portale oder magisches Herbeirufen an einem Ort landet, meist aufblüht (oder im RPG-Stil hochlevelt) und fast immer bleibt. In Japan ist das Label »Tensei-kei« (»Wiedergeburt«) griffiger, aber enger gefasst. Oft nachgeahmt: *Familiar of Zero* (Louise hext sich einen Schüler aus Japan herbei: Light Novel, 2004) und *KonoSuba* (Göttin Aqua holt einen toten Schüler in eine RPG-Welt: LN, 2012).

Eine Bühnenshow zu *One Piece* zeigt 2002 Nami, gespielt von Model Inaba Chiaki. 2004 heiratet sie Oda Eiichirō. Batman-Autor Paul Dini findet, Bruce Wayne ist mit Zatanna am glücklichsten: einer Zauberkünstlerin. 2005 heiratet er Misty Lee – eine Bühnenmagierin, die auch als Zatanna auftritt.

Sechs Teens bedrohen und streiten sich: *Pink Diary* (2006; Jenny Rakotomamonjy kommt aus Madagaskar und lebt in Frankreich) startet garstig. Japans Scham-Kultur trifft europäische »Zickenkrieg«-Klischees. Doch in acht Bänden Aneinander-Vorbeireden lernt die Clique Zuhören, Um-Hilfe-Bitten, Solidarität. Ein Manfra, zum Heulen schön! Falls man die *Eiskalte Engel*-Vibes der ersten Bände erträgt.

Stargazing Dog (2 Bände ab 2008) zeigt Hunde und ältere Menschen, einsam und in Not (schluchz!). Um niemanden zu belasten, lebt eine Autorin in *Mariko at 80* (16 Bände ab 2016) auf der Straße und in einem Manga-Café. In *Ocean Endroll* (6+ Bände ab 2020) studiert Umiko (65, Witwe) Filmregie – ermutigt von Kai (asexuell und vielleicht nichtbinär).

Das Mangaka-Duo in *Bakuman* (2008) sitzt am Tisch und berät endlos über die beste Taktik, Platz 1 im Fan-Beliebtheits-Ranking für *Jump*-Reihen zu erobern. In *Death Note* (12 Bände ab 2003) redet Light (17) auf den Todes-Gott Ryuk ein wie ein Magical Girl auf eine Katze. *Death Note* und *Bakuman* sind grundverschieden? In der Prämisse. Die Szenen aber sind meist ähnlich aufgebaut. Light sagt: Die Welt wird besser – weil jede Person, deren Namen er in Ryuks Buch notiert, stirbt. Ryuk hat Fragen. Pro. Kontra. Seitenlang: Taktik-Boys im Kinderzimmer.

Die erste *Pokémon*-Folge (Folge 131) im neuen Jahrtausend zeigt, wie Jesse Krankenschwester werden wollte – denn Sprecherin Hayashibara Megumi (*Alfred J. Kwak* und Rei in *Evangelion*) ist gelernte Pflegerin. Catch Phrases für Figuren (ALF sagt »Null Problemo«, die Turtles »Cowabunga«) sind auch in Anime und Sentai-Serien beliebt. Einige entstehen durch Impro, spontan: »Das war mal wieder ein Schuss in den Ofen!«, rufen Jesse, James und Mauzi in der deutschen Version des *Pokémon*-Anime, wenn ihre Pläne scheitern. Im japanischen Original-Drehbuch steht nur, Team Rocket solle schreien. Die Sprecherin findet das zu dramatisch und ruft stattdessen »Yana kanji!«: »Och nöööö.«

MANGA FÜR ERWACHSENE

Sensible Themen:
In diesem Kapitel werden viele Übergriffe (sexualisierte Gewalt) behandelt.

Eine Schülerin sagt, ihr Vater steht nachts am Bett und starrt sie an. Kan hört das im Zug, als Gerücht. Er glaubt, es geht um die Tochter (14) einer Cousine – und tut ›das einzig Richtige‹: Er gibt dem Vater Bescheid, damit sich Hibari *für so schlimme Gerüchte entschuldigt*. Wer *Hibari's Morning* liest, wird auf »Ich habe Angst« hoffentlich nie antworten: »Mach halblang. Du machst hier schwere Vorwürfe!« (2 Bände 2011, von Yamashita Tomoko)

Die Tokyo Medical University gibt 2018 zu: Tests wurden gefälscht, damit kaum Frauen dort studieren. *Ikoku Nikki* (»Foreign Country Diary«) zeigt Asa (15, die Eltern sterben bei einem Autounfall) und Makio (35, Autorin von Light Novels): Wie findet Asa Zuversicht, Mut, Zukunfts-Lust – bei einer brüsken Tante? »Ab jetzt«, merkt Makio, »muss ich dem Kind meiner Spießer-Schwester zeigen, was möglich ist im Leben.« Zart. Lyrisch. Ohne »Hoppla: Ich bin Mami?!«-Abkürzungen. (11 Bände ab 2017, ebenfalls von Yamashita Tomoko)

Ichi ist 30 und trifft Ichi (14). Die Klon-Gründe sind in *Gene Bride* (3+ Bände ab 2021) recht egal: Ichi – als Journalistin ständig unterbrochen, ausgebremst – fragt sich, wie sie ein ›hilfloses, frühes Ich‹ vor Sexismus schützt, ohne selbst übergriffig zu sein. Takano Hitomi sagt: Dinge, die sie als Frau ewig nur hingenommen hat, machen sie heute wütend. Ihr Manga zeigt all diese Dinge. Und die Wut!

Mama ist tot, Papa ist Literatur-Star (oder doch Model für 80er-Jahre-Anzüge?), Chise (etwa 10) lebt wie im Möbelkatalog; und so lange Papa sie beachtet, fehlt ihr nichts. Sagt sie! *Papa told me* (37+ Bände ab 1987) fragt durch oft gruselige Harmonie: Wäre es gut, sich daheim *richtig aufgehoben* zu fühlen? Mit einer Bezugsperson – die dir *alles* bedeutet? Melancholisch und beklemmend.

Natsumi hat Dates mit dem Freund ihrer toten Schwester. »Warum bin ich so messy – ein Desaster?« denkt sie auf 300 Seiten (reif, witzig: *Fluch des Frühlings*, 2015). Ein Wort, das die Grundstimmung vieler Shōjo-Manga zusammenfasst, ist: hach. Shōnen: yeah! Seinen: urks/uff (Blut! Leid! Schwere Themen!) Und Josei – wo Frauen oft authentisch über erwachsene Frauen schreiben? Messy!

Josei-Hits über eine Kunstakademie (*Honey & Clover*, 10 Bände ab 2000), ein Orchester (*Nodame Cantabile*, 25 Bände ab 2001), eine WG voller BL-Fans (*Princess Jellyfish*, 17 Bände ab 2008) und – beide von Yazawa Ai – eine Punksängerin (*Nana*, 21 Bände ab 1999) und Modedesign (*Paradise Kiss*, 5 Bände ab 1999) haben Anime. Und Verfilmungen: Die Reihen nehmen Alltägliches/Realität ernst.

Ihr Verlobter hat null Respekt vor Haruko (29). Sie fängt neu an, als Küchenhilfe in Tokyo. Doch dort, zeigt *Trap Hole* (4 Bände ab 2015), muss der Respekt bei Dates und Flirts noch zäher eingefordert werden. In *Undercurrent* (2004) verschwindet Kanaes Mann: Soll sie jetzt jahrelang das Badehaus seiner Eltern weiterführen und warten? Realistische »Alles nicht so einfach!«-Manga.

Wer zu betrunken ist, um zu sagen »Ich will Sex. Mit dir, jetzt!« erlebt keinen Sex – sondern sexualisierte Gewalt. Theo hilft Ubuki (in *Die Schneider des Ginmokusei*, 2 Bände 2022), teure Maßanzüge zu vermarkten. Theo sagt: Sie hatten eh schon Sex im Hotel, Ubuki hatte wohl einen Blackout. So nett die beiden gerade flirten: Sex braucht Consent (ein klares Ja). Theo ist Täter. [Später gibt er zu: Es gab nie Sex. Er lügt, damit Ubuki denkt »Der durfte mich ja eh schon haben!«]

»Ich arbeite nur weiter für euren Verlag«, droht ein Autor über 70, »wenn du jetzt und hier Oralsex hast mit deinem Kollegen.« Die Männer gehorchen, werden ein Paar und ehren den Autor als väterlichen Freund, von dem man viel lernen kann. Manga, die fragen: »Wie kann es so weit kommen?« sind wichtig. Doch Manga, die genüsslich zischeln »Prickelnd-spicy Grauzonen! Questionable Consent!« sind Rape Culture. (*Mood Indigo*, 2016)

2013 wird Pesuyama Poppy von einem Mangaka gestreichelt und ›geneckt‹. In der Grundschule hebt ein ›Freund‹ Poppys Rock (Skirt-Flipping). *Until I love myself. The Journey of a nonbinary Manga Artist* (2 Bände ab 2020) zeigt brillant, wie tief solche Machtgesten verunsichern. Und wie schnell Leute, die aus schlimmen Erfahrungen Manga/Kunst machen, als ›rachsüchtig‹ und ›unfähig, loszulassen‹ gelten.

Bist du maskulin-dominant-fordernd-aktiv (Seme)? Oder weibisch-schwach-nachgiebig-passiv (Uke)? Nagata Kabi (28) bucht eine Sexarbeiterin. Als Fan von Boys Love hat sie falsche, absurde Rollen- und Körperbilder. Hygiene, Kondome, Krankheiten, Anatomie spart BL meist aus: Uke sind allzeit bereit. So werden auch Leser*innen* vom Klischeebild »Uke« trainiert: »Leg dich hin, nimm es hin, lass es zu!«

Meine lesbische Erfahrung mit Einsamkeit (2016) zeigt Kabis nervöses Treffen im Love Hotel. Sechs weitere Bände verzahnen Kabis Alkoholismus, Zwangsgedanken, Essstörungen, Selbstverletzungen und den Wunsch, ihre Mutter zu streicheln (oder für immer zu verlassen). Klug. Auch zeichnerisch imposant! Als Einblick in Kabis Empfinden aber: alarmierend. »Du bist am Limit. Erlaube dir *noch mehr* Hilfe!« bitten auch viele Fans. Mit lustvollem lesbischen Sex und Consent haben Kabis Offenlegungen nichts zu tun.

Wer die High School noch vor sich hat: *Skip & Loafer* (10+ Bände ab 2018) erklärt Schulfeste, AGs und zig ungeschriebene Regeln. Mitsumi, zu Klasse 10 neu in Tokyo, lernt viel von ihrer Tante (einer trans Frau) und von Sōsuke – freundlich wie ein Golden Retriever. Subtil-klug-schlimm im Hintergrund: Wer Schlimmes erlebt hat, richtet sich oft nervös nach anderen. Nur langsam zeigt der Manga: Sōsukes umsichtige Art ist eine »Trauma Response« – ein Schutzmechanismus, aus dem er nicht herausfindet.

Hiro (35) hat Zwangsgedanken und ist bei Frauen überfordert. In *I am a Hero* (22 Bände ab 2009) will er zwei kompetente Fremde (eine Schülerin, eine Pflegerin) vor Zombies schützen. Je überforderter und nervöser er mit seinem Gewehr hantiert, desto mehr drängt sich die Frage auf: Sind Ich-muss-meine-Männlichkeit-beweisen-Nerds wie Hiro für Frauen die größere Gefahr?

Die banal realistischen, detaillierten Parkplätze und Straßenszenen in *I am a Hero* zeigen Alltags-Japan. Hinsehen macht Spaß ... aber nervös: Sind Zombies klein im Bild? Auch Sakamoto Shin-ichi liebt unwirkliche Gewalt vor hyper-realer Kulisse, in *Innocent* (21 Bände ab 2013: dekadente Hinrichtungen in Frankreich ab 1740) und *#DRCL: Midnight Children* (4+ Bände ab 2021: *Dracula*, doch die Figuren sind hier Teenager um 1897 im Internat in Whitby; und Schwarz, japanisch, trans ...).

Horror für Kinder ab 11 – in kurzen Episoden, oft clever gruselig: *Scary Lessons* (20 Bände ab 2008). Horror-Manga für Erwachsene sind meist grotesk, zum Lachen: Yukie pflegt in *Dementia 21* (7 Bände ab 2011) erst eine Frau, dann drei. Familien legen alte Menschen vor ihr ab, bis Yukie unter Fremden fast erstickt.

Mit 38 schreibt Dazai Osamu den autobiografischen Roman *No longer Human* (1948). Vier Wochen später nimmt er sich das Leben. Itō Junjis unvergessliche Manga-Version (600 Seiten, 2017) und Itōs Best-Ofs (wie *Shiver*, 2015) fußen auf »Ero guro«: erotisch-grotesker Kunst ab den 20er Jahren.

No longer Human...In another World (10+ Bände ab 2019) zeigt, wie Dazai Osamu nach dem Suizid im RPG-Reich Zauberberg erwacht; doch auch dort nur Drogen kaufen und sterben will. Elfen und Katzen-Kriegerinnen finden Dazais Fatalismus sexy. Schnell schwärmt ein ganzer ›Harem‹ für ihn. (Pietätlos, witzig – und, als gäbe es für Europa Harem-Isekai namens *Franz Kafkas Mecha* oder *Virginia Woolf: Magical Girl*.)

Dysphorie heißt Missmut – besonders im Erleben des eigenen Körpers: »Hier passt etwas nicht zusammen.« Rape Culture meint: Unterlegene werden gepackt und benutzt. Doch auch tiefer: Hier bei uns *ist normal*, viele Körper, Geschlechter, Gruppen ›unterlegen‹ zu nennen und ihnen zu zeigen »Du bist für uns benutzbar!« *Inside Mari* zeigt statt sexy Körpertausch nur Rape Culture und Dysphorie: Isao ist NEET (er sucht weder Job noch Ausbildung: »Not in Employment, Education, or Training«) und erwacht im Körper von Nachbarin Mari (16). Horror – für beide! (9 Bände ab 2012)

Ab 1568 vereinigen drei Feldherren Japan: Nobunaga, Hideyoshi und Tokugawa (bekannt aus *Shōgun*). Spitzenkoch Ken erwacht in der Sengoku-Zeit (Zeit der streitenden Reiche) und zeigt Nobunaga Essen von heute (*The Knife and the Sword*, 37 Bände ab 2011). Natsu führt eine Schmiede und tarnt sich als Mann. Und sie ›bewacht‹ Kens Kompost – damit er benutzt wird. Denn 1781, weiß Ken, werden Kartoffeln in Frankreich vom Heer ›bewacht‹ – damit skeptische Bauern sie stehlen, pflanzen und verbreiten.

Bis 1868 kämpfen die Shinsengumi, Kyotos letzte Samurai, für den Shōgun gegen den Kaiser (der Kaiser siegt). Dank Izumi futtern sie Eis und Pizza: Die Schülerin von heute tarnt sich als Mann und kocht (2 Bände 2021). Hirnchirurg Jin landet in derselben Ära (20 Bände ab 2000). *Shinsengumi Kitchen Diary* ist Shōnen: recht heiter, simpel. *Jin* ist Seinen: gut recherchiert. Doch der Held, etwa 35, liebt Saki, knapp 20 Jahre jünger. Spicy, pikant? Eine Grauzone? Saki nimmt das Machtgefälle hin.

»War Feldherr Uesugi Kenshin (1530 bis 1578) eine Frau?«, fragt *Snow Tiger* (10 Bände ab 2015, von Higashimura Akiko). Eine ausgeschmückte Biografie – schlau, aber trocken. *The Blue Eye of Horus* (9 Bände ab 2014) zeigt Königin Hatschepsut (sie stirbt 1458 vor Christus), die sich oft als Mann tarnt: ein blutiger, rasanter Polit-Thriller im alten Ägypten.

Der Samurai-Splatter *Shigurui* (15 oft trashige Bände ab 2003) imitiert die blutigen, grotesken Holzschnitte von Yoshitoshi Tsukioka (ab 1863). Der Holzschnitt *Traum der Fischersfrau* (etwa 1814, von Hokusai) wird ab 1985 oft kopiert: Weil Geschlechtsteile höchstens verpixelt gezeigt werden dürfen, werden Sex-Angriffe von Tentakel-Monstern zum Anime-Trend (und -Klischee).

Wie nah sind Manga den über 1500 Jahre alten Erzählungen auf chinesischen Bildrollen? Der messy Josei-Thriller *Heaven's Son in the Land of the Rising Sun* (11 Bände ab 1980) zeigt Japans Prinz Shōtoku (gestorben 622) als feminine Hexen-Figur, in Panels im Stil höfischer Seidenrollen. Er übernimmt den Körper seines Onkels, damit die Kaiserin denkt »Mein Bruder will mich zum Sex zwingen!« Intrigen, Boys Love, Kostüme und Camp (schwule Über-Dramatik, ironisch und pompös).

Yukiko (30) lebt bei ihrer Mutter Mari – bis Mari sagt, sie heiratet einen Schönling (27). Die messy Person, zeigt sich erst spät, ist Yukiko: Der Mann spielt in historischen J-Dramas und ist in jeder Hinsicht besser, fairer als Muffel Yukiko. (*All my Darling Daughters*, 2003; von Yoshinaga Fumi)

Viele Josei-Manga werden als J-Drama umgesetzt, weil sie Reales lieben: Will Witwe Ichika (34) im Jahr 1951 das Familienrestaurant retten, oder weiter in der Zentrale der US-Verwaltung im westlichen Stil kochen? (*Knife and Pepper*, 12+ Bände ab 2018) Welche der drei Töchter übernimmt in 18. Generation den Laden für Wagashi-Süßwaren? (*Fukuyadou Honpo*, 11 Bände ab 1995) Kinue verkauft teure Mode im Department-Store (*Real Clothes*, 13 Bände ab 2007). Erwachsene, kluge Reihen über wirtschaftende Frauen; alle verfilmt.

The Blue Flowers and the Ceramic Forest (10 Bände ab 2018, von Kodama Yuki) über Keramikmalerin Aoko und den reservierten Töpfer Tatsuki liest sich (im Guten!) wie *Verbotene Liebe*. 2015 holt *Unsere kleine Schwester* Filmpreise. Die Manga-Vorlage (9 Bände ab 2006) hat endlose Sprechblasen, kaum charismatische Mimik, wenig visuellen Reiz. Doch die Figuren sind komplex! J-Drama, indische Romanzen, Telenovelas und Josei sind sich nah: Schauspieler*innen haben hier viel Material.

Tezuka-Figuren fuchteln, plärren, schneiden Grimassen. Auch im ›erwachsenen‹ *Adolf* (5 Bände ab 1983: In Kobe werden ein jüdisches und ein deutsches Kind ab 1936 Freunde; beide heißen Adolf) und in *Ayako* (3 Bände ab 1972: Um Reichtum zu sichern, wird eine Familie ab 1949 immer brutaler gegen die schwächsten Frauen). Tiefgang hat Tezuka nie durch Mimik. Sondern durch jähe Verluste, Perspektivwechsel und die schiere Länge: Mit der Zeit wird zwischen allen Figuren alles anders. Kein Kapitel ist wie das vorige.

Jeder Shōgun ab 1623 ist eine Frau, die sich als Mann tarnt – sagt *Ōoku* (19 Bände ab 2004) und zeigt fast 250 Jahre Politik (und, wie viel Mühe eine Impfkampagne macht): 80 Prozent der Leute mit Y-Chromosom sterben an Pocken. Überlebende sind verwöhnt, isoliert – und am Hof leben sie wie Konkubinen. An Gender und Queerness hat die Mangaka (Yoshinaga Fumi) hier kein Interesse: *Ōoku* blickt oft herablassend auf überforderte, messy Regentinnen. Und feiert hübsche, vernünftige Schönlinge: 4000 oft zähe Seiten für Fans von historischen J-Dramas *mit sehr vielen edlen Hetero-Boys, die Recht haben*.

Gemüsehändler Haruki macht es gern allen recht – auch als gespielt ›gemeiner‹ dominanter Sex-Spielpartner (ein Dom). Light-Novel-Autor Taro sieht nur sich selbst – nur beim Sex ist er gern unterwürfig (submissive: ein Sub). *The Beautiful Greennes*s (3 Bände ab 2013) zeigt, dass *gespielt* entwürdigender Sex nicht gewaltsam ist – wenn alle Acht geben und auf Augenhöhe sprechen.

Die Gruppe 24 begeistert nicht nur die Shōjo-Zielgruppe: Ihre Science-Fiction-Manga überzeugen auch viele Männer. Mit 14 werden alle Menschen in *Toward the Terra* (von Takemiya Keiko, 5 Bände ab 1979) neu programmiert: Im 31. Jahrhundert wollen Mutant*innen im Widerstand mutierte Kinder vor dieser Gehirnwäsche retten. *They Were Eleven* (von Hagio Moto, 1975) zeigt ein zehnköpfiges Team bei einer Abschlussprüfung auf einem Raumschiff: Sie sind plötzlich zu elft und wissen nicht, wer die überzählige Person ist und was sie plant. Band 35 von *Hunter x Hunter* würdigt den Klassiker: Eine Fähigkeit heißt »They Were Eleven«, die Figuren sind auf einem Schiff.

DIE 10ER

Straßen und Dinge verformen sich, wenn jemand Sorgen hat. Eine Behörde bringt den »Flow« der Realität wieder in Ordnung (*If a Cat faces West*, 3 Bände Magischer Realismus ab 2018). Niwa wird Architekt – und kann sehen, woran sich Yokohamas Häuser erinnern (*Mahoromi*, 4 Bände Mystery ab 2010). Zauberische Reisen und Spaziergänge (11 Bände ab 2013, für Fans von Murakami Haruki) machen Lust aufs Hinsehen im Alltag: Die Hipster-Märchen-Kurzgeschichten von Mangaka panpanya kitzeln Kopf, Herz und Auge.

18.000 Menschen sterben beim Erdbeben und Tsunami an Japans Ostküste am 11. März 2011. *River End Café* (9 Bände ab 2017) zeigt Wunden (und schrullige Neuanfänge!) am Heimatort des Mangaka.

2018 sterben 36 Menschen bei einem Brandanschlag auf Kyoto Animation. Der Täter (41) glaubt, das Studio habe eine Szene, die er für einen Romanpreis eingesandt hat, in *Tsurune* (26 Folgen ab 2018) kopiert. 2023 wird er zum Tod verurteilt. Der Manga *Look Back* (2021) zeigt Freundinnen, die Manga zeichnen – und einen Täter mit einem ähnlichen Motiv.

Itagaki Paru (*Beastars*) tritt nie ohne Hühner-Maske auf. 2018 reicht ihr Yamamoto Mitsuharu (*Hibiki*, 13 Bände ab 2014) einen Preis – mit schwarzer Kapuze über dem Gesicht; weil Hibiki (15) im Manga Japans wichtigste Buchpreise in einer Daunenjacke mit Kapuze annimmt. Wie achtsam Literatur- und Light-Novel-Verlage öffentlich reden, wie ekelhaft Autorinnen intern gelenkt werden *und, wie absurd brutal Hibiki gegen-reagiert*? Der zackige Krawall-Manga übers Büchermachen übertreibt ... vielleicht? Großer Spaß!

Bis wir uns fanden. Japans erstes schwules Ehepaar (2020: Manga-Version einer Autobiografie) kann Leuten helfen, die nichts über Queerness wissen (wollen). Ein nötiges Buch! *At 30, I realized I had no Gender* (2019) zeigt hochpersönliche Ideen zu Eitelkeit, Altern, Dysphorie. Arai Shō (geboren 1971) ist schwul, intersex, nichtbinär – und spricht allein für sich. Ein genauso nötiges Buch. Kantig und spezifisch!

Boys Love fürs breite Publikum: *Der Metalhead von nebenan* und *Snow Fairy* (2020, 2021; beide auf Deutsch) und *Old-fashioned Cupcake* (2 Bände ab 2019) feiern aufmerksame Männer, die einander gut tun. Ältere BLs nutzen oft creepy Status- und Altersunterschiede für »Ich bin mächtig. Gib dich mir hin!«-Gewalt: dieselben Machtgefälle, die in anderen Romance-Genres Frauenfiguren drücken.

BL-Lichtblicke sind *Ikumen After* (2 Bände ab 2010: zwei Väter, alleinerziehend) und *Hide and Seek* (3 Bände ab 2012: Kinderarzt liebt Single-Vater). Machtspiele in nicht-toxisch zeigt *10 Dance*: Ein Standard- und ein Lateintänzer unterrichten sich. Wer führt? (7 Bände ab 2012)

Wie oft BL-Manga passive oder subby Männer als schmutzig, schwach und unmännlich beschämt, zeigt *My Beautiful Man* (4+ Bände ab 2022) – durch Übertreibung. »Ich bin Müll. Du bist Gott!« sagt Hira (17): ein Stalker voller Selbsthass. Wer Hira hört, merkt erst so richtig, wie traurig oft schmachtende Romance-Frauen und -Queers von sich selbst fast gar nichts halten.

DEUTSCHLAND IN MANGA & ANIME

Portugiesen, die 1543 mit einer chinesischen Dschunke in Japan anlegen, gelten als erste Europäer*innen im Land. *Schweigen* (Roman von Endō Shūsaku, 1966) zeigt die Vertreibung der portugiesischen Jesuiten-Brüder 1639, nach einem christlichen Aufstand. Bis 1853 schottet sich Japan ab. Die Schwarzen Schiffe der US-Navy, die das Land gewaltsam öffnen, sind in der Comedy *Gintama* (77 Bände ab 2003) UFOs.

Castella-Kuchen und Konpeitō (Konfekt: bunte Sterne aus Zucker) stammen aus Portugal; auch die Worte für Brot (Pan), Seife (Shabon) und Paniertes (Tempura) sind entlehnt. Aus dem Deutschen stammen Arbeit, Energie, Kindergarten, Schlafsack, Märchen, These, Seminar und Lumpen (für umherziehende Menschen); dazu viel medizinische Sprache wie Röntgen, Harn und Kranke (Kuranke: Patient*innen). Im Westen sind Bonze, Rikscha, Tycoon und Honcho Lehnworte aus Japan.

Von 607 bis 838 erkunden 19 japanische Expeditionen China: Die Tang-Dynastie wird zum Vorbild für Japans Verwaltung. Schwarzer Tee aus China wird in der Meiji-Zeit (1868 bis 1912) aus England importiert. Die britische Navy ist ab 1868 Modell für Japans Marine; das preußische Heer für Japans Armee. Nah am historischen Preußen zeigt *Baltzar Militarismus* (18+ Bände ab 2011): Bernd Baltzar baut im neutralen Baselland ein Heer nach dem Vorbild seiner Heimat Weissen auf.

Gut recherchiert: *Knights* (5 Bände ab 2006) zeigt Schwertkämpfe ohne Rüstung. Bloßfechten – in westlicher Fantasy und Historienromanen meist ignoriert. Ein Recherche-Fail (oder ein Witz!) sind die Bannsprüche im *Tanya the Evil*-Manga (2016). *Der Apfel fällt nicht weit vom Stamm. Was du heute kannst besorgen, das verschiebe nicht auf morgen.* Der Text der Zauber-Kreise passt nie – und stammt wohl aus einer Redensarten-Liste. Die Vorlagen (Light Novels) dagegen haben historische Fußnoten am Ende jedes Kapitels.

Pikachu liebt Ketchup. Nagisa aus *Madoka Magica* kann zwar Süßes hexen, doch liebt Käse. »Wo ist die Käse?« – ein bombastisch orchestrierter Song, 2013 – lässt einen Chor schmettern »Schnell nach Käse, Zug nach Käse« und »Käse, Käse, will ich hin.«

Sawano Hiroyuki komponiert oft Songs mit deutschem Text. *Attack on Titan* bietet neben »Seid ihr das Essen?« – »Nein, wir sind die Jäger.« auch, viel lyrischer: »Es ist wie das Spiel mit Bauklötzen. Du brichst meine Mauer arglos mit schmutzigen Händen.«

Eisen Flügel, Elfen Lied, Übel Blatt, Weiß Kreuz (und *Weiß Kreuz Glühen*), *Monster Mädchen, MD Geist, Panzer Geist, Girls & Panzer, Raubritter, Blassreiter, Märchen Mädchen, MÄR: Märchen Awakens Romance, Märchen Adventure Cotton 100 %, Bremen, Bremen 4, Violinist of Hameln, Kämpfer* (und *Kämpfer: Für die Liebe*), *Graduale der Wolken, Gelände Magic, Die Wergelder, Frieren, Torture Princess: Fremd Tortürchen* und das Game *RosenkreuzStilette Freudenstachel* klingen auf Japanisch – und auf Deutsch! – verrätselt.

Falco aus *Attack on Titan* hat Raubvogel-Kräfte. Lügner, Lawine, Kanne, Fass, Lektüre, Falsch und Rivale sind Namen in *Frieren – Nach dem Ende der Reise* (13+ Bände ab 2020). Der Codename für den Plan, ein gesunkenes U-Boot der Nazis auszurauben, in *Black Lagoon*: »Fuck Plan vom Schiff«.

Super Robot Wars (Games, ab 1991) zeigt Mecha aus *Gundam* und vielen anderen Anime. TV Tropes erklärt, dass eine Mecha-Rüstung der *Gespenst*-Klasse (das Modell heißt *Rein Weißritter* und soll dem größeren Modell *Alteisen Riese* Feuerschutz geben) »zu einem techno-organischen Monstrum mutiert wird« von Wesen aus einer anderen Dimension, den *Einst*. In Game 30 ist der Mecha auf dem *Dreisstrager*-Schiff von Einheit *Dreikreuz* stationiert: *Dreißig Super Roboter Flugzeugträger*.

Leni Milchstrasse, Constanze Amalie von Braunschbank-Albrechtsberger, Licht Bach, Burks Blaumohn, Satella Harvenheit, Berg Katse, Dark Schneider, Drossel Juno Vierzehntes Heizregister (Fürstin von Flügel), Ritsuko Kübel Kettenkrad und das Schwert »Blutsauger« sind wie Blumen: Schön, diese Namen zu pflücken und hier ins Buch zu pressen.

Tomino Yoshiyuki hat Depressionen und macht, wenn es ihm schlecht geht, oft provokante Vorschläge. Seine Figuren-Namen bei *Gundam* sind oft Tests, ob Bandai Namco sagt: »Das geht zu weit.« Die Zeon-Fraktion trägt Uniformen im Stil der Wehrmacht: Hier passt der Name »Rommel«. Tieria Erde ist »Gundam Meister« und kämpft mit Feldt Grace gegen Graham Aker. Zuchini Nicchini, Paptimus Scirocco, Quattro Vageena und Lila Milla Rira haben keine deutschen Wurzeln. (Und Lyserg Diethel aus *Shaman King* klingt pseudo-deutsch – doch steht für Lysergic Acid Diethylamide: LSD.)

Wer den englischen Titel *Love Plus* in die Silbenschrift Katakana überträgt, kann die Silben auch als »Rabu Purasu« lesen. »Buraddo Raddo« ist die Transkription für *Blood Lad*. *Merupuri* (4 Bände ab 2003) hat eine deutsche Bedeutung: »MärPri« meint »Märchenprinz«. Die Namen Flyheight, Schubaltz und Zeke (ab 1999; Zoids-Spielfiguren gibt es seit 1983) sind falsche Rückübersetzungen von »Freiheit, Schwarz und Sieg«. Joan Landor und Ezella Garnie in *Captain Future* (52 Folgen ab 1978) sind falsche deutsche Übertragungen: In 20+ US-Romanen ab 1940 heißen sie Joan Randall und Ezra Gurney.

Als ihre Wohnung abbrennt, zieht Fotografin Aki nach Berlin (und später Amsterdam): *Sayonara Tokyo, hallo Berlin* (2 präzise beobachtete, kluge Bände ab 2019) zeigt Rezepte, WG-Dynamik und viel »Wie stelle ich mich als Fremde und Künstlerin zu einer Stadt?« *Über Leben* (400 Seiten, 2021) von Shimizu Maki zeigt Comic-Künstlerinnen, Verdrängung durch Mietpreise, Hass gegen Frauen und Arme. Berlin als tiefgraue Mausefalle. Heftig!

Der trockene Jazz-Manga *Blue Giant* (32+ Bände ab 2013) spielt ab Band 11 in Deutschland. Zur Recherche reist der Redakteur mit dem Mangaka unter anderem nach München und Hamburg. Kellerbars und spröde Männer, die über Jazz, den man beim Lesen nicht hört, raunen: »Oha! Wie leidenschaftlich!« Hm. Orte und Alltags-Details sind ähnlich exakt recherchiert wie in Urasawa Naokis *Monster* (1994).

Eine Spaß-Figur macht sich zu viele Gedanken und geht übertrieben ehr-geizig auf eine »Mission«. Sie trifft extreme Gegenwehr, Barrieren und Quatsch, zehnmal wilder als erwartet: *Spy x Family* (13+ Bände ab 2019) zeigt Agent Twilight, Auftragsmörderin Yor und Anya (6, sie kann Ge-danken lesen) im kalten Krieg in Berlint. Eine DDR und Sozialismus fehlen: Westalis und Ostania sind Comedy-Diktaturen. Doch wie in jedem Kapitel jeweils andere Figuren aneinander eskalieren? Originell und gefühlvoll!

Princess Tutu (26 Folgen ab 2002) spielt in Goldkrone. Vorbild ist Nörd-lingen (Bayern). Colmar im Elsass ist Vorbild bei *Is the Order a Rabbit?* (12 Bände ab 2011) und *Das wandelnde Schloss* (2004). *Lord Marks-man and Vanadis* (Light Novels ab 2011) zeigt die Stadt Alsace und das Nachbarland Zhcted. Mühlenburg in *Little Snow Fairy Sugar* (24 Folgen ab 2001) ist Rothenburg ob der Tauber. Sternbild in *Tiger & Bunny* (25 Fol-gen, 2011) ist New York.

Der Norden von Westeros (*Ein Lied von Eis und Feuer*: US-Romane ab 1996) hat die Umrisse von Schottland, England und Wales; der Süden ist Irland, auf den Kopf gestellt. *Attack on Titan* spielt (Spoiler) auf einer Insel wie Madagaskar, nur viel größer, gespiegelt und auf dem Kopf. Nördlingen ist Vorbild für Shiganshina.

Nach zwölf Jahren »Ist das alles eine rechte Metapher für ... Nazi-Deutsch-land? Und/oder Palästina?« endet *AoT* in derselben Pointe wie *Watchmen* (US-Comic, 1986) und *Code Geass* (50 Folgen ab 2006): Ein ›Held‹ verübt einen Massenmord, damit sich die Welt gegen ihn vereint und friedlich wird. Hm.

Die Pflege-Expertin Florence Nightingale, Forscher Jean-Henri Fabre (Vorbild für viele Käfer-Nerds) und Philipp Franz von Siebold (Arzt und Botaniker, ab 1823 und ab 1858 lange in Japan) sind in Japan bekannter als in Deutschland. Diplomat Sugihara Chiune gilt als »Oskar Schindler Japans«: Er rettet 6000 jüdischen Menschen das Leben. Richard Sorge, Sohn einer Russin und eines deutschen Erdölingenieurs, ist ab 1933 als Journalist in Japan – doch in Wahrheit ein Spion für Stalin. Er wird 1944 hingerichtet und ist Vorbild für Castorp in *Wie der Wind sich hebt*, 2013.

Im ersten Weltkrieg sind Japan und Deutschland Gegner. Doch ab 1870 studieren japanische Ärzte oft in Preußen. In Japan wird Deutsch die Lehrsprache für Medizin; und 1900 schreibt Lektor und Märchen-Autor Iwaya Sueo Kolumnen aus und über Berlin. Wer 1926 im Ausland studiert, wählt zu über 80 Prozent eine deutsche Uni. *Julie the Wild Rose* (Wien im ersten Weltkrieg, 13 Folgen 1979), *Alpen Rose* (die Schweiz im zweiten Weltkrieg, 9 Bände ab 1983) und *Das doppelte Lottchen* (München und Österreich in den 50ern, 29 Folgen 1991) zeigen Europa im Shōjo-Stil.

DIE
20ER

Terrace House (5 Staffeln, 2012 bis 2020) filmt drei Frauen und drei Männer beim WG-Leben und im Beruf. Giuseppe Durato – wach und zugewandt; geboren 1992 in Fossacesia – bringt sich als Kind mit ›Werde Mangaka!‹-Heften das Zeichnen bei, lernt Japanisch und ist der erste europäische WGler. *Mingo* (4 Bände übers Dating als Italiener in Tokyo ab 2019) erscheint im Anschluss und ist enttäuschend schmierig. *Endo*, über die Autorin Dacia Mariani und ihre Familie in Japan ab 1938, erscheint seit 2023 (2+ Bände).

Kobayashi Kai zieht erst nach »Peppes« Auszug ein – und wirkt depressiv. Fans sind nervös, als Kimura Hana (22) den fragilen Mann anbrüllt: Er hat ihr Wrestling-Kostüm in der WG-Waschmaschine übersehen und eingehen lassen. Kimura wird online wochenlang beschimpft und rassistisch beleidigt (ihr Vater kommt aus Indonesien). Sie nimmt sich im Mai 2020 in Pandemie-Isolation das Leben. *Terrace House* wird eingestellt – auch, weil die Redaktion beim Filmen des »Costume Incidents« Kimura anwies, Kai zu stoßen. *Mein*Star* (bisher 25 Folgen seit 2023) zeigt eine bewusst ähnliche Hass-Welle gegen eine Schauspielerin (in Folge 6).

Nagi (in *Kannagi*, 12 Bände ab 2006) ist eine Göttin und wirkt ›unschuldig‹. 2008 sind einige Fans rasend, weil die Figur in einem vorigen Leben einen Freund hatte und vielleicht Sex. Sängerin und Idol Minegishi Minami rasiert sich 2013 zur Buße den Kopf, als bekannt wird, dass sie heimlich einen Freund hat (und damit die Illusion zerstört, für Fans verfügbar zu sein). Für Otaku mit Besitzansprüchen, die Sex als Machtdemonstration gegen ihr Idol sehen, heißt ein Freund: »Jetzt ist sie benutzt, secondhand.« Rape Culture.

2024 sterben Toriyama Akira (*Dragon Ball*) und Sakata Nobuhiro (Golfer und Autor vieler Golf-Manga). Sano Nami (*Migi & Dali*, 7 Bände ab 2017) stirbt 2023. Ikumi Mia (*Tokyo Mew Mew*, 16 Bände ab 2000) und Ōta Gosaku (*Master of Fishing*, 15 Bände ab 1981) sterben 2022, Peyo (*Boy meets Maria*, 2018) und Hanamura Eiko (berühmte Shōjo-Designs) 2020. Koike Kazuo (*Crying Freeman*, 9 Bände ab 1986) stirbt 2019. Ex-Premierminister Abe Shinzō stirbt 2020: Die christliche Moon-Sekte hat ihn politisch unterstützt. Ein 41-Jähriger, der seine Mutter an die Sekte verloren hat, erschießt ihn.

Wer lange in der Nähe von Tobias-Bäumen lebt, schläft ein, wird selbst zum Baum und die Erinnerungen werden Früchte. Nur Agent 303 ist immun, reist auf dem Schwebe-Roller von Planet zu Planet, nascht Früchte und plaudert mit den letzten Hinterbliebenen. *Star Tripper* (4+ Bände und ein Bildband ab 2021) ist ein philosophisches Märchen. Stimmung und cozy Zeichenstil? Nah an *Der kleine Prinz* (1943).

Wer sich einen Samen einsetzen lässt, erhält vom Staat viel Geld, doch »transfloriert« in etwa zwei Jahren zum Gewächs. Nur Toshiro sieht die Erinnerungen der Pflanzen. Er fragt sich, ob die Erde, von Wolken verhangen, wirklich *nur noch so* an Sauerstoff kommt. *Fool Night* (8+ Bände ab 2020) ist ein Sozial-Thriller, immer faszinierender. Stimmung und neonhart beleuchtete Architektur? Nah am tollen Wohnkomplex-Horror-Manga *Domu* (1980, von *Akira*-Mangaka Ōtomo Katsuhiro).

2024 gibt Nekokurage, Zeichnerin von *Die Tagebücher der Apothekerin* (13+ Bände ab 2017), zu: Sie hat 270.000 Euro Steuern hinterzogen. Im März 2022 muss Toei Animation mehrere Anime-Folgen verschieben, weil erpresserische Ransomware die Computer blockiert. 2019 ist der Aufstand der Gelben Turbane im Jahr 184 Namensgeber für einen chinesischen »Yellow Zombie Virus« in *Gundam*. Ab Februar 2020 pausiert die Serie für ein Jahr: Der Virus wird umbenannt (in Etiolation Trinity).

Erdbeben kommen in Anime nicht oft vor – denn nach realen Erdbeben werden Folgen meist verschoben. Auch Walfang, Sekten und die Todesstrafe sind selten. *One Piece* macht seit April 2024 größer zum Thema, dass der Meeresspiegel steigt, die Weltregierung das weiß ... und nichts tut. *Dead Dead Demon's Dededede Destruction* (12 Bände seit 2014, von Asano Inio) zeigt immer wieder Angebote für teure, »nicht verstrahlte« Lebensmittel. Dass eine US-Bombe alle anderen Lebensmittel wohl verstrahlt hat, nehmen die meisten Figuren hin.

Furuya Tōru (geboren 1953) ist verheiratet und die japanische Stimme von Yamchu in *Dragon Ball* und Mamoru in *Sailor Moon*. Im August 2024 wird er bei *One Piece* (er spricht Sabo) ersetzt: Eine 37 Jahre jüngere Frau schrieb ihm einen Fan-Brief und hatte 2018 bis 2023 eine Affäre mit ihm. Im Interview mit der Boulevardzeitung *Shūkan Bunshun* sagt sie, er habe sie zum Abbruch einer Schwangerschaft gedrängt und sie geschlagen. Furuya bestätigt ihre Aussagen. Bandai Namco überlegt noch, ob er auch bei *Gundam* ersetzt wird.

GHIBLI-
FAKTEN

1937 erobert Japan Shanghai. In der besetzten Stadt entsteht Chinas erster langer Trickfilm, *Die Prinzessin mit dem Eisenfächer* (1941). Vorlage sind Szenen aus *Die Reise in den Westen* (1592; auch *Dragon Ball* und der Poké-Affe Panflam fußen auf dem Roman). Toei Animation, gegründet 1948, imitiert anfangs bewusst Disney: Gesang, Prinzessinnen, sprechende Tiere. Toeis *Erzählung einer weißen Schlange* (1958, nach einem Märchen aus China) ist Japans erster langer Nachkriegs-Anime.

Miyazaki Hayao sieht den Film mit 17 und ist hingerissen von Toeis Prinzessin. Er studiert Wirtschaft und Politik ... und zeichnet ab 1963 für Toei. Tezuka Osamu liebt Disney, den *Eisenfächer*-Film und zeichnet 1958 *Boku no Son Gokū* (ebenfalls aus *Die Reise in den Westen*). Als Toei daraus einen Anime macht, schlägt Tezuka vor, Prinzessin Rinrin zu töten – weil das bei Disney nie passiert. Toei lehnt ab. 1961 gründet Tezuka ein eigenes Studio: Mushi Productions.

Wie erwachsen wollen Anime sein? Tezuka führt Regie bei *Tausendundeine Nacht* (1969) und *Cleopatra* (1970): Aldin sieht aus wie Jean-Paul Belmondo, es gibt Nacktszenen und bei *Cleopatra* lesbische und schwule Momente. Für Toei planen Miyazaki und Takahata Isao ab 1965 *Horus: Prinz der Sonne* (1968). Der Film floppt, weil beide Gewerkschafter sind, mehr Lohn fordern und Toei *Horus* nur zehn Tage lang ins Kino bringt, um zu zeigen: »Ihr bringt uns keinen Profit!« Auch *Cleopatra* floppt – und Mushi ist 1973 pleite. Zuvor erscheint ein letzter, heute gefeierter Erotik-Anime (ohne Tezukas Input), *Belladonna of Sadness* (1973).

1984 bittet Japan Australien um sieben Koalas für Japans Zoos. Weil Anime-Studios davon wissen, starten zwei Koala-Serien, *Noozles* (Nippon Animation) und *Koalabärchens Streifzüge* (Topcraft). Auch *Das letzte Einhorn* (1982) und *Nausicaä aus dem Tal der Winde* (1984) sind Erfolge bei Topcraft. Als Miyazaki, Takahata und zwei Produzenten 1985 Studio Ghibli gründen, sind 70 Prozent des Topcraft-Teams dabei.

Der Koala-Trend ist absehbar – seit China 1972 zum ersten Mal Pandas nach Japan schickt und einen Panda-Trend auslöst. Zwei 30-Minuten-Anime 1972 und 73 (*Panda! Go, Panda!* und *The Rainy Day Circus*) sind das erste eigene Projekt von Miyazaki und Takahata: Die Pandas sehen aus wie später Totoro, und Mimiko (rotes Haar, Zöpfe) fußt auf Miyazakis Skizzen für *Pippi Langstrumpf* (die Astrid Lindgren 1971 nicht überzeugten).

Zum Anime *Die Schatzinsel* (1971) zeichnet Miyazaki einen eigenen Manga. Auch *Nausicaä* ist 1982 ein Miyazaki-Manga (7 kurze Bände bis 1994), damit Publikum und Geldgeber*innen 1984 den *Nausicaä*-Anime unterstützen. *Heidi* (1974), *Niklaas* (1975), *Marco* (52 Folgen, 1976) und *Anne mit den roten Haaren* (50 Folgen, 1979: *Green Gables*) sind die *World Masterpiece Theater*-Serien mit Miyazaki (und Takahata). Regie führt Miyazaki erstmals 1978: bei allen 26 Folgen von *Future Boy Conan*. Die Vorlage (*The Incredible Tide*: US-Jugendbuch, 1970) mag er nicht. Das Studio schickt Autor Alexander Key ein Video. Key hasst die Änderungen und verbietet, dass der Anime in den USA erscheint.

Anime mit recht unbekannten Buchvorlagen sind *Lensman* (25 Folgen 1984, nach US-Science-Fiction ab 1948), *Die geheimnisvollen Städte des Goldes* (39 Folgen 1982, nach Scott O'Dells *Vor dem Richter des Königs*, 1966) und Ghiblis *Erinnerungen an Marnie* (2014, Buch von 1967).

Nausicaä erscheint 1985 in den USA und Europa – um 22 Minuten ge-kürzt, als *Warriors of the Wind* (auf Deutsch: *SternenKrieger*); die Heldin heißt »Prinzessin Zandra«. Miyazaki hasst die Änderungen. Ab 1997 will Disney *Prinzessin Mononoke* in die US-Kinos bringen. Ghibli-Mitgründer Suzuki Toshio übergibt Harvey Weinstein ein Samurai-Schwert und sagt »No Cuts«: keine Schnitte.

Inoue Naohisa ist Kunstlehrer (und heute Uni-Dozent) und zeigt auf Ge-mälden ein Fantasy-Land mit fliegenden Inseln, Iblard. Er ist Miyazaki-Fan, lädt ihn zu einer Vernissage ein und malt seitdem auch für Ghibli. In *Stimme des Herzens* (1995, Regie: Kondō Yoshifumi) ist Iblard zu sehen.

Kondō Yoshifumi soll Miyazakis Nachfolger werden. Er stirbt 1998 an einer Hirnblutung. Takahata Isao stirbt 2018. Seine Filme *Tränen der Erinnerung* (1991: eine Karrierefrau erinnert sich an ihre Land-Kindheit 1966) und *Die Legende der Prinzessin Kaguya* (2013: das berühmte Märchen über eine Mondfee auf der Erde) begeistern und rühren. Suzuki Toshio sagt nach Takahatas Tod, er »hat so viele Menschen zerstört« und Kondō hatte durch ihn Todesangst und Stress.

Miyazaki hat zwei Söhne, geboren 1967 und 70. Seine Frau Ōta Akemi arbeitet bis 1975 als Animatorin. 2006 bloggt Miyazaki Gorō, der ältere Sohn: »Als Vater hat er für mich null Punkte verdient. Als Regisseur von animierten Filmen aber die volle Punktzahl.« Gorōs Anime *Der Mohn-blumenberg* (2011) kommt gut an. *Die Chroniken von Erdsee* (2006) nicht.

US-Autorin Ursula Le Guin (5 *Erdsee*-Romane ab 1979) sagt über den Ghibli-Anime: »Die meisten Leute in Anime wirken weiß, fürs amerikanische und europäische Auge. Mir wird gesagt, das Publikum in Japan sieht das anders: Auf sie wirkt Ged wohl dunkler als auf mich. Ich hoffe das.« Auch ein *Erdsee*-Zweiteiler (USA, 2004) enttäuscht Le Guin: Weiße spielen Rollen, die im Originaltext of Color sind (Whitewashing). Seit 2019 ist in den USA eine neue *Earthsea*-Verfilmung in Planung.

Michael Okuda und Rick Sternbach mögen Anime – darum hat *Star Trek: The Next Generation* (178 Folgen ab 1987) viele Anspielungen, oft auf *Dirty Pair* (9 Light Novels ab 1980, dann Anime). Captain Picard hat ein künstliches Herz, weil er mit 22 erstochen wird – von einem Nausicaaner (1989).

Eine Lampe in *Chihiros Reise ins Zauberland* (2001) hüpft wie Luxo jr., die Lampe im Pixar-Logo. Roboter aus *Das Schloss im Himmel* (1986) fußen auf *The Mechanical Monsters* (Film 2 von 17 kurzen *Superman*-Trickfilmen 1941 bis 43, bis heute bewundert), dann fußt K2SO in *Star Wars: Rogue One* (2016) auf den Ghibli-Robotern. Dr. Robotnik aus *Sonic* sieht aus wie der Flugzeugtechniker Motro. »Laputa« als Name für eine Insel kommt aus *Gullivers Reisen* (Satire-Roman, 1726). Miyazaki sagt, 1986 war ihm nicht klar, dass man in *Gulliver* an »la Puta« denken soll: »die Hure« auf Spanisch.

Miyazaki animiert nie erst, wenn ein Drehbuch bereit ist. »Ich habe die Geschichte nie vorher fertig«, sagt er 2002. Die Storyboards entstehen, während Teile daraus schon animiert werden. Die Geschichte entsteht beim Skizzieren der Storyboards. (Besonders gern zeichnet er Schweine.)

Ghibli-Imitate aus dem Westen sind *Hilda* (6 britische Comics ab 2010, 34 Trickfolgen) und das *Hilda*-Imitat *Aster* (2 Bände: Frankreich 2020/21; besser als *Hilda*). Wegen Fuchshörnchen Teto in *Nausicaä* zeigt auch *Avatar: Herr der Element*e (US-Trickserien ab 2005) fast alle Tiere als Hybrid (wie Gürteltiger oder Kaningurus). Tief und überraschend: das Western-Märchen *Salt Magic* (Hope Larson, 2021).

2008 schickt Cécile Corbel, Harfenistin und Sängerin aus Frankreich, einen Fan-Brief an Ghibli und legt ihre aktuelle CD bei. Suzuki Toshio fragt, ob sie einen Song für *Arrietty* (2010) komponieren will. Am Ende schreibt sie alle Musik im Film.

Ist man »konservativ« – weil man sich für den Erhalt der Umwelt einsetzt? Nein. Trotzdem schreibt Reddit-Userin tankhwarrior 2024 polemisch, Ghibli und Miyazaki seien »im Kern traditionalistisch«. Denn in seiner Jugend war Miyazaki wütend auf die moderne Gesellschaft, Kapitalismus und die Verbrauchs- und Wegwerfmentalität – aus einer sozialistischen Haltung heraus. Heute dagegen scheine er wütend, weil »sein ideales Lebensbild letztendlich so ein kleines Dorf ist, in dem sehr traditionelle Familien in Frieden leben«.

Als erster Anime gewinnt *Chihiro* einen Oscar (als bester Animationsfilm, 2003). Miyazaki reist nicht an – aus Protest gegen den Einmarsch der USA in den Irak drei Tage zuvor. 2008 gewinnt der Anime *La Maison en Petits Cubes* als bester Kurzfilm; 2024 gewinnt Miyazakis *Der Junge und der Reiher*. Doch mit 83 will er nicht extra nach Los Angeles fliegen.

1955 stirbt Miyazakis Mutter an Tuberkulose. Darum ist auch die Mutter von Mei (4) und Satsuki (10) in *Totoro* im Krankenhaus. Beide Schwestern haben Namen, die klingen wie der Monat Mai. »Totoro« ist Meis Versuch, das Wort »Troll« auszusprechen: Sie kennt es, weil die Mutter das norwegische Märchen *Drei Böcke Brausewind* vorliest. Miyazaki hatte drei Brüder. Statt Mei und Satsuki will er erst nur ein Mädchen (7) zeigen. Zwei Brüder zu zeigen, kommt nicht in Frage: Das wäre »zu schmerzhaft« persönlich.

Der rote Baron (ein deutscher Kampfpilot im ersten Weltkrieg) und viele Flugzeuge und Waffen der Nazis sind Vorbilder bei *Nausicaä*. Ihr Gleiter Möwe heißt auch in Japan »Mehve«. *Porco Rosso* (1992: Italien und Kroatien in den 20ern) und *Wie der Wind sich hebt* (2013, über eine echte Person: Horikoshi Jirō entwirft in den 30ern Japans wichtigste Kampfflugzeuge) zeigen besonders viel reale Flugtechnik.

Das Wort »Ghibli« stammt von der Caproni Ca.309 Ghibli (1936) – einem Transportflieger der faschistischen italienischen Luftwaffe. Miyazakis Vater leitet im zweiten Weltkrieg eine Fabrik für Flugzeuge, die seinem Bruder gehört. Etwa 800.000 Koreaner*innen sind von 1939 bis 45 in japanischen Fabriken zur Arbeit gezwungen. In Libyen ist »Ghibli« das arabische Wort für den heißen Wüstenwind Scirocco.

Ab 2017 streamt der Youtuber Dimitri Somoguy LoFi-Musik, die beim Lernen nicht stört. Dazu zeigt er ein .gif von Shizuku aus *Stimme des Herzens* (die am Schreibtisch an einem Roman arbeitet). Als »Study Girl« und »LoFi Girl« wird sie immer neu abgezeichnet und variiert – oft auch mit Brand- und Klimakollaps-Szenen hinter ihr im Fenster, die sie beim Lernen ignoriert.

VOR
1945

Kibyōshi erzählen eine Geschichte auf zehn Seiten. Jede Seite zeigt ein Bild und kurze Texte; die Bücher erscheinen ab 1775. »Manga« meint hier wörtlich »kurzweilige« oder »spontane« Bilder: humorvolle Skizzen.

Sammlungen von Drucken (eine Bilderserie zu einem Thema, doch keine fortlaufende Geschichte) werden im 19. Jahrhundert oft »Manga« genannt: Hokusai druckt ab 1814 Skizzensammlungen als Bücher namens *Hokusai Manga*. Bildrollen im 12. Jahrhundert gelten als die ersten Manga: Die Chōjū-giga zeigen »umhertollende Tiere« (und Menschen).

US-Forscher Eike Exner wirft ein: »Manga« meint bei Kibyōshi wohl *nur* das Verb »Skizzieren« (statt »Bild«), weil ein Ibis (Löffler) beim Fischfang mit dem Schnabel übers Wasser ›skizziert‹ und in China mit den selben Schriftzeichen wie »Manga« (漫画) geschrieben wird: ein ›flüchtiges Malen‹.

Ab 1902 macht der Zeichner Kitazawa Rakuten das Format »Comic Strip« in Japan populär: mehrere Bilder in Panels, die als Sequenz eine Geschichte erzählen. Oft sind es vier: 4-koma (Einleitung, Entwicklung, überraschende Wendung und Schluss). Rakutens Reihen zeigen wiederkehrende Figuren – wie damals auch schon viele US-Strips.

Die britische Satirezeitung *Punch* (ab 1841) nennt Karikaturen ab 1843 »Cartoon«. In Yokohama gründet ein Brite 1861 *Japan Punch*. Rakuten gründet 1905 *Tokyo Puck* für Karikaturen und Bildgeschichten. Auch Kindermagazine wie *Shōnen Club* (ab 1914) und *Shōjo Club* (ab 1923) geben kurzen Manga einige Seiten Platz.

Erst ab 1963 (*Astro Boy*) sind pro Woche 25 Minuten Anime im TV zu sehen. Das Wort stammt vom englischen »Animation« und ersetzt ab den 60ern Umschreibungen wie »Linienkunst« (Senga) und »Manga-Filme« (Manga Eiga). Der erste Anime zeigt in drei Sekunden, wie ein Schüler »Katsudō Shashin« an eine Tafel schreibt: »Bewegte Bilder«. *Das stumpfe Schwert* (1917, 4 Minuten) zeigt einen arroganten Samurai. Wer mit »Manga« jedes japanische Erzählen in Bildern meint, sieht Manga als Baumkrone, Stamm und tiefe Wurzeln – und Anime als bunte Blüte (oder als Weg, Manga-Vielfalt und -Traditionen hinüber ins Medium Film zu tragen).

US-Strips wie *Bringing up Father* werden in den 20er Jahren auch für japanische Tageszeitungen übersetzt. *Lupin III.* (ab 1967) imitiert den Comic-Stil des *Mad Magazine*. *Popeye* läuft ab 1959 im japanischen TV; Bluto aus *Popeye* ist Vorbild für *Donkey Kong* (1981). Im ersten langen Anime (*Momotarō: Göttlicher Krieger des Meeres*, 1945) ergeben sich Popeye und Bluto. Auch im Vorgänger *Die Seeadler des Momotarō* (1943, 37 Minuten) gehört Bluto zur feindlichen Armee.

Ein Mönch mit Gadgets und Ideen wie Batman: *Bokko* (11 Bände ab 1992) zeigt in vier flinken ersten Bänden die Verteidigung einer Stadt mit 4000 Menschen, 230 vor Christus in China. Die Philosophie des Mohismus', erklärt als Seinen-Thriller. Tezukas *Buddha* (8 Bände ab 1972) startet 600 vor Christus im heutigen Nepal – als Fantasy-Märchen: Tod und Zauber. Slapstick. Nervöse Ton-Wechsel. Band 1 ist extra-chaotisch: albern-aber-blutig-aber-deep.

Tezukas *Phoenix* (12 Bände ab 1954) zeigt, wie China die japanischen Inseln erobert (im Jahr 240; Band 1) und, wie leicht sogar Buddhismus zur gewaltsamen Staatsreligion wird – beim Bau maßloser Tempel und Statuen (im Jahr 752; Band 5). *Sangokushi* (60 Bände ab 1971, griffig und charmant) zeigt Kriegskunst ab 184 vor Christus: Figuren aus Chinas Roman *Die Geschichte der drei Reiche* (ab 1522).

Detektiv Conan Edogawa nennt sich nach den Krimiautoren Edogawa Ranpo (1894 bis 1965) und Arthur Conan Doyle. Auch Ranpo nutzt ein Pseudonym: »Edgar Allan Poe«, japanisiert. 2008 erscheint Ranpos Insel-Novelle *The Strange Tale of Panorama Island* (1926) als Manga. *Morels Erfindung* (1940), eine argentinische Insel-Novelle, ist in Erzählstimmung und Prämisse gleichauf: morbide Hotels, die Dekadenz der 20er, schaurig heutig. Surrealer »Ero Guro Nonsens« – für Fans des Insel-Games *Myst* (1993).

Etwa 20 reale Kriminalfälle in den 1870er Jahren machen die Figur der »Giftfrau« (Dokufu) zum Trend. Eine Ehefrau (oft Mutter, meist aus einfachen Verhältnissen), die plötzlich mordet – nicht nur mit Gift. In den frühen 30ern zeigen Kamishibai-Bilder und -Vorträge, japanisches Papiertheater, kostümierte Superhelden wie die goldene Fledermaus (1930) und den Prinzen vom Planeten Gamma – weit vor Superman (1938).

Sazae-san ist Mutter, Tochter, Ehefrau (68 Bände bis 1974, 2675+ Anime-Folgen ab 1969). Die 4-koma-Strips über Sazaes Alltag starten 1946; Hasegawa Machikos erster Manga ist von 1935: Sie ist 15. Mode-Illustratorin Ueda Toshiko hat ab 1937 als wohl erste Mangaka eine Serie. 1934 zeigt *The Mysterious Clover* (16 Seiten, von Matsumoto Katsuji) eine maskierte, fechtende Heldin im Zorro-Stil.

Kyoto, Nara und Kobe liegen im 30-Kilometer-Radius um Osaka: Nach Tokyo ist die Kansai-Region am dichtesten bebaut. Die Takarazuka Revue zeigt dort ab 1914 (oft westliche) Musicals, ab 1974 auch zu *Die Rosen von Versailles* und später einigen anderen Manga. Alle Rollen werden von Frauen gespielt. Tezuka wächst in Takarazuka auf, ist Fan – und zeigt es in *Princess Knight*.

Dimorphismus heißt: Körper einer Spezies sind überraschend unterschiedlich. Matsumoto Leiji zeigt gestreckte, dünne Figuren gern neben gestauchten Männlein mit kartoffelig zerdelltem Kopf. Auch bei Disney sind Heldinnen oft absurd viel schlanker. Takarazuka dagegen zeigt Geschlechter gesucht ähnlich, androgyn. »Otokonoko« meint Jungs, die feminin auftreten. »Okama« wird meist transfeindlich genutzt: *One Piece* zeigt bullige Okama mit Makeup und Bartschatten.

Viele Gottheiten und Held*innen zeigen sich in Japans Sagen in mehreren Geschlechtern. Weibliche Samurai wie Tomoe Gozen haben J-Dramas. In Miss Dandy-Clubs flirten Frauen als Drag Kings und Crossdresser. Viele Idols, J-Pop- und K-Pop-Stars sind androgyn. *Die Geschichte der Geschwister Torikaebaya* (nach 1100) zeigt ein gender-nichtkonformes Duo: zarter Bruder, wilde Schwester.

Kappa sind froschähnlich, lauern in Flüssen und essen gern Gurken und Kinder. Darum ist Kappa-Maki in Tang gerollter Reis mit zerstückelten Ki... Salatgurken. Wird ein Gegenstand 100 Jahre lang nicht benutzt, wird er zum Tsukumogami: Oft wird der Yōkai als Sonnenschirm gezeigt. Dass Japan ab der Meiji-Zeit viele Yōkai halb vergisst, liegt an Philosoph Inoue Enryō (1858 bis 1919), der falschen Spuk enttarnt und vor Aberglauben warnt. Ab 1978 zeigt *Urusei Yatsura* viele Yōkai neu als witzige Aliens.

Im ersten Weltkrieg kämpft Japan mit Russland, Frankreich und Groß-britannien gegen Deutschland. Weil die USA und Australien Menschen aus Europa aufnehmen, doch Japaner*innen meist abweisen, will Japan im Friedensvertrag von Versailles festsetzen, dass Völker gleich sind und es keine Hierarchie gibt. Die Klausel wird abgelehnt. Ab 1924 verbietet die USA Einwanderung aus ganz (Ost-)Asien.

Trainer Rocko kneift die Augen extrem zusammen (und hat recht dunkle Haut). 1999 läuft der *Pokémon*-Anime weltweit – und Rocko wird durch Tracey (hellere Haut) ersetzt, denn das Animations-Team in Japan hat Angst, dass er im Westen als stereotyp rassistische Figur mit verengten Augen gesehen wird.

Weil Augäpfel nach der Geburt kaum noch wachsen, haben Babys – im Verhältnis zu Gesicht und Schädel – riesige Augen. Ab 1943 nutzt Konrad Lorenz (ein Rassenkundler der Nazis, später als Tier-Verhaltensforscher populär) den Begriff »Kindchenschema«. Manga-Augen wachsen, weil Tezuka *Bambi* (1942) mag.

Figuren mit engen Augen wirken nicht vertrauenswürdig. Oft werden koreanische und chinesische Rollen rassistisch und stereotyp gezeigt (auch bei Tezuka). Mizuki Shigeru überlebt den Krieg in Rabaul (Papua-Neuguinea), weil ihm Familien Essen und Obdach geben. Er feiert sie in respektvoll erzählten Manga wie *Kriegsjahre* (1991) – doch zeichnet sie rassistisch, als ›Buschmann‹-Karikatur.

Der Kolonialismus der Feuernation in *Avatar: Herr der Elemente* ist Japan nachempfunden. Taiwan ist ab 1895 von Japan besetzt. 1937 tötet Japan in Nánjīng (China) 200.000 Zivilist*innen. Hundesoldat *Norakuro* (10 Bände, 1931 bis 41) kämpft gegen chinesische Schweine-Soldaten. Der Kugel-Roboter *Tank Tankuro* holt Waffen und Gadgets aus einem Loch in seinem Panzer-Bauch (1934, tolle Designs).

1940 will Japan eine »Großostasiatische Wohlstandssphäre« führen. Drucke zeigen den Kaiser ab etwa 1886 nur noch in westlicher Kleidung. Helle Haut gilt bis heute als Schönheitsideal. Japans Botschaft an alle Nachbarstaaten, fast 50 Jahre lang, bis 1945: »Wir sollten euch regieren. Denn wir sind die Macht, die dem Westen am ähnlichsten ist!«

Eine Schwester von Autor und Songwriter Nosaka Akiyuki (1930 bis 2015) stirbt 1945, mit 4, an Unterernährung. Die Kurzgeschichte *Das Grab der Leuchtkäfer* (1967) ist autobiografisch. Eine Schwester von Miyazawa Kenji (1896 bis 1933) stirbt 1922, mit 24, an Tuberkulose. In Trauer macht er eine Zugreise. Der Roman *Eine Nacht in der Milchstraßenbahn* (1934) zeigt einen Zug ins All und ins Jenseits und inspiriert viele Manga wie *Galaxy Express 999*.

Ein Foto aus Nánjīng zeigt einen japanischen Soldaten neben einer Frau, die er davor zum Sex gezwungen hat. Oder? Weil unklar bleibt, ob das Foto gestellt ist, bricht Shūeisha *The Country Burns* (9 Bände ab 2002, über einen Beamten im Krieg gegen China) ab: Dort wird das Foto eindeutiger nachgezeichnet. 37 rechte Lokalpolitiker*innen sagen dem Verlag: Es gab kein »Massaker« in Nánjīng.

Die japanische Militärflagge zeigt nicht nur eine rote Sonne, sondern auch Strahlen. Für viele Länder steht die Flagge für alle Gewalt, die Japan bis 1945 verübt hat. Held Tanjirō in *Demon Slayer* trägt (in Szenen, die im Jahr 1913 spielen) Ohrringe im selben Stil. Nur in China und Südkorea werden sie geändert. Auch alle Kriegsschiffe Japans zeigen die Flagge ab 1954 wieder.

Code Geass zeigt ein britisches Empire: Die koloniale Gewalt spiegelt Japans Rolle bis 1945 – nur ist hier Japan unterdrückt. In *Blue Comet SPT Zayner* (38 Folgen ab 1985) beuten Aliens 1996 die Erde aus wie Japan 1910 Korea. Szenen in Chinas *Die Prinzessin mit dem Eisenfächer* (1941) rufen zu politischem Widerstand gegen die brutale Prinzessin auf. Doch aus Angst vor den Besatzern (Japan) werden sie entfernt.

Ein 14-Jähriger weiß nach Kriegsende nicht, wie er um Hilfe für seine Schwester bittet. *Die letzten Glühwürmchen* (1988) ist kein Film, der tief erklären will, warum damals noch immer eine Mehrheit ein autoritäres, nationalistisches Japan wünscht und stützt. *Kayoko's Diary* (Anime, 1991) zeigt die Folgen der Bombardierung Tokyos – aus Sicht einer (realen) Elfjährigen, die Tagebuch führt: Ebina Kayoko. Politik ist kein Thema: Es geht ums Leid der Schuldlosen. Eine komplexe Welt wird zu vereinfacht, wenn dauernd nur aus Sicht der beteiligten Kinder erzählt wird.

Kōno Fumiyos Manga über Hiroshima 1945 zeigen Erwachsene – die aber aussehen wie Lucy aus den *Peanuts* in arglos-gutmütig. Die Einzelschicksale sind traurig, unverschuldet und tragisch. Dass Japan mit Hitler und Mussolini die Welt unterwerfen will, ist für die Figuren kein Thema. Krieg wird hier erzählt wie eine Naturkatastrophe.

Nach den *Glühwürmchen* will Takahato Isao *Border* (Shikata Shin, 1986) animieren, über politischere Figuren. Doch das Jugendbuch spielt 1939 in Korea, China und der Mongolei. 1989 sterben bei Protesten auf dem Platz des Himmlischen Friedens 2600 Menschen durch Chinas Militärgewalt. Darum will Ghibli kein Projekt zu China.

Ab 2022 ist man in Japan mit 18 volljährig. Davor galt 20, schon seit 1876 – weil nur Volljährige zum Kriegsdienst eingezogen werden. Senninbari ist Stoff (meist Gürtel), auf den 1000 Frauen je einen Stich setzen. Man bittet Passantinnen und gibt den fertigen Stoff dem Familienmitglied mit, das zum Militär muss. *Peleliu: Guernica of Paradise* (11 Bände ab 2016) zeigt mit putzigen SD-Soldaten, wie nahtlos solche Rituale – und Slogans wie »Alle Mann vorwärts in den Ehrentod!« – im Pazifikkrieg 1944 in sinnlosen Selbstopfern enden.

EMPFEHLUNGEN

Kou will Feuerwerksmeister werden – obwohl seine Familie bei einem Brand starb (*Graffiti of the Moment*, 4 Bände ab 2014). Kizatos Bein wird amputiert. Kann er als Läufer zu den Paralympics? (*Run on your new Legs*, 5 Bände ab 2019) Fleißige Jungs umsorgen Tiere im *Deep Sea Aquarium MagMell* (9+ Bände ab 2017). Simple Reihen für alle, die sich gern mitziehen lassen vom naiven Schwung eines Shōnen-Helden: »Ich will der Allerbeste sein, wie keiner vor mir war!«

Maya (13) liebt Filme (und hat kein Geld für Mode). Eine Diva, der ein Scheinwerfer das Gesicht verbrannt hat, wird Mayas Schauspiel-Mentorin (*Glass Mask*, 49 Bände ab 1976). Studentin Sasaya liebt Theater (und kleidet sich wie daheim auf dem Land: provinziell). Sie hat kein Schauspiel-Talent, doch wird Regisseurin und Autorin für Bühne und TV (*Tomorrow's King*, 10 Bände ab 1997). Dieselben Fans, dieselbe Stimmung. Gern noch fünf solcher Reihen!

Zwei Frauen mit Dysphorie sind nach einer OP in Thailand viel glücklicher mit ihrem Körper. *Yunas Reise zum Ich* und *I was born the wrong Sex* (beide 2016) zeigen die bürokratischen, medizinischen und die persönlichen Wege zu einer geschlechtsangleichenden OP. Die immensen Kosten. Bis 2023 den gesetzlichen Zwang, sich sterilisieren zu lassen (in Deutschland: bis 2011). Und die Einsamkeit im Ausland: Nur wenige Japaner*innen machen oft Flugreisen.

Bildung als Waffe – und Herrschaftswissen, das versteckt wird. Die fleißigen Zeichnungen und biederen Bildwelten in *Magus of the Library* (8+ Bände ab 2017) und *Atelier of Witch Hat* (13+ Bände ab 2016) versprechen altmodische Wohlfühl-Märchen für Zauber-Fans von gestern. Das wird nichts: Schnell geht es nur noch um fassungslose Kinder, die Erwachsene fragen »DAS findet ihr gut so?« Schlau-schlimme Fantasy über die Lügen, auf denen eine (vermeintlich nostalgische, geordnete) Welt fußt!

Ein falsches Versprechen: Obwohl ihre Mutter bei der Explosion eines Space Shuttles stirbt, will Asumi ins All. *Twin Spica* (16 Bände ab 2001) zeigt nur wenig Training – die meiste Zeit machen Teens Dauerläufe, haben Gen-Defekte oder chronische Krankheiten und erinnern sich an tote Verwandte. Als Melodrama über Behinderungen (fürs Seinen-Publikum)? Prima. Doch Raketen heben kaum ab.

Raumfahrt braucht Teams, die unter Stress improvisieren. Wie Einzelne entscheiden (und, wie weittragend die Folgen ihres Rumtüftelns sind) ist bei *Space Brothers* (43+ Bände seit 2007) das zentrale Thema – und in der US-Serie *For All Mankind* (40+ Folgen seit 2019). Die gleichen Fragen um Pragmatismus, Idealismus. Dieselbe Erzählstimmung. »Competence Porn«: Bestaunen, wie gekonnt Leute zusammenarbeiten. Bis es trotzdem kracht!

When a Cat faces West hat viel mit der Mystery-Serie *Fringe* (USA, 2008) gemein. Der US-Comic *Nailbiter* (2014) ist wie *Gannibal* (Kannibalismus, 13 Bände ab 2019) in schwungvoll/gewitzt. Viele BL-Fans lieben *Heartstopper* (Webcomic, ab 2016). Ruinen und lesbische Liebe im Internat bei *Auf einem Sonnenstrahl* (Webcomic, 2016) zitieren *Utena* (39 Folgen, 1997). *Das Land der Juwelen* (13 Bände ab 2012) und *Steven Universe* (US-Trickserie, 2013) zeigen nichtbinäre Edelstein-Krieger*innen – doch in ganz anderem Stil. (Und Pearl in *Steven Universe* sieht aus, als sei sie von Tezuka gestaltet.)

Sota's Knife (41 Bände ab 2003) zeigt »Competence Porn« in der Küche eines kleinen Fischrestaurants. *Kiyo in Kyoto / The Makanai* (26+ Bände ab 2016, J-Drama 2023) zeigt die Ausbildung zur Geisha und, wie eine angehende »Maiko«, etwa 15, doch lieber als Hauswirtschafterin für alle kocht. *What did you eat yesterday?* (von Yoshinaga Fumi: 21+ Bände seit 2007, J-Drama 2019) zeigt, wie ein schwules Paar über 40 kocht und isst. Beruhigende Gourmet-Manga.

Mit 41 kündigt Tōka Sōsuke seinen Bürojob und wird Mangaka: *Ranking of Kings* (17+ Bände ab 2017) passt zum tollen US-Webcomic *Nimona* (ab 2012) und zur US-Trickserie *Disenchantment* (50 Folgen ab 2018, vom Macher der *Simpsons*). Band 10 und folgende sind schlechter bewertet. Ab 2019 (im Manga) und 2022 (Folge 18 des Anime) in der Kritik: Das ärmliche Königreich Gyakuza wird vom Nachbarland modernisiert und ›zivilisiert‹ – doch lügt vor Dritten: »Wir werden ausgebeutet!« Eine Verharmlosung von Japans Kolonialverbrechen in Korea.

Fist of the North Star (18 Bände ab 1983) ist bis Band 9 beliebt. *Bleach* hat ab Band 50 (von 74) schlechtere Wertungen. *To Your Eternity* (22+ Bände ab 2016) kommt ab Band 16 schlecht an. *Again!!* (12 Bände ab 2011) hat drei unbeliebte finale Bände und *Food Wars* (36 Bände ab 2012) sechs. Manga mit 4.1 von 5 Sternen (und mehr) auf Goodreads: Reinblättern, falls man das Thema reizvoll findet. Manga ab 4.3 Sternen? Einen Blick wert, selbst wenn man die Prämisse oder das Genre nicht mag.

Mit fast 50 reist die (reale) Reiseschriftstellerin Isabella Bird im Jahr 1878 durch Japans Norden (*Isabella Bird in Wonderland*, 11+ Bände ab 2013). Nobelpreisträgerin Swetlana Alexiewitsch interviewt vor 1985 Frauen, die für die Sowjetunion gegen Nazis kämpften: Die Protokolle in *Der Krieg hat kein weibliches Gesicht* (4+ Bände ab 2019) zeigen Trauma und Älterwerden, gezeichnet wie für *Attack on Titan*.

Aus Feigheit oder Bequemlichkeit die Wahrheit runterschlucken? Das verachten Kanako (sie hat einen Herzfehler) und Masaki (er spielt Basketball – und ist allen zu viel). *Boyfriend* (10 Bände ab 1985, von Sōryō Fuyumi) feiert Frisuren und Posen der 80er; doch lässt ein ernstes Paar extrem ernst durchs Wagnis »erste Liebe« frickeln. (Nah dran: die Romanzen der US-Teens Joey/Pacey in *Dawson's Creek* und Haley/Nathan in *One Tree Hill*, 2000 und 2003.)

»Ungeduld, Neid, Verbissenheit, Sehnsucht, Hochmut, Verlangen, Liebe«: Wer friedlich sterben will, muss das überwinden. *The Inn of lost Things* (3 Bände ab 2014) zeigt ein traditionelles Ryokan: Tatami-Matten, Schiebetüren (Shōji). Wer ein Zimmer bucht, merkt nur langsam: »Ich bin hier, um etwas zu verarbeiten. Erst dann kann ich gehen.« Kein Horror – sondern herzlich-melancholisch. Ein Mystery-Manga übers Sterben und Abschiednehmen.

Der erste Anime oder Manga über Schulclubs (AGs) reißt oft mit. Ab dem zweiten wiederholt sich Vieles. *K-On!* (39 Folgen ab 2009, über den Light-Music-Club) macht die Moe-Ästhetik populärer: Figuren im knuffig-hilflosen Kindchenschema. Die Moe-Momente in *Amanchu!* (17 Bände ab 2008, über die Tauch-AG) wirken aufgesetzt. *Sounds of Life* (30+ Bände ab 2012) zeigt ein Saiteninstrument (Koto) mit Langweiler-Image – doch erzählt schwungvoll. Hörtipp aus dem Soundtrack: der Song »Tenkyū«.

Sumika ist 60. Sie hat ihre Mutter gepflegt und war nie verliebt. Als ihr der Katzen-Dämon Rei einen 17 Jahre alten Körper hext, weiß sie nicht, ob sie mit ›Gleichaltrigen‹ flirten will (creepy!) oder mit Rei (*Sumika Sumire*, 11 Bände ab 2013). Für Frieden muss Prinzessin Nakaba den Prinzen im Nachbarstaat heiraten: Wie können sich Minderheiten den Mächtigen erwehren? (*Dawn of Arcana*, 13 Bände ab 2009) Schülerin Noriko und ein Söldner retten ein Zauberreich (*From Far Away*, 14 Bände ab 1991). Shōjo mit viel Retro-Charme – aber einigen Klischees.

Kowloon Generic Romance ist nah an *Westworld* (US-Serie: 36 Folgen ab 2016) und der Hong-Kong-Romanze *In the Mood for Love* (2000). Figuren im 80er-Stil haben nostalgische Flirts in der (1993 abgerissenen, super-dicht bebauten, chaotischen) Kowloon Walled City. Statt nur zu zeigen »Welche Sorte lässige, rauchende Single-Frau galt damals als sexy?« wird alles bald nervös-tief-traurig-dringlich. Doch sexy bleibt es. Große Erzähl- und Designkunst für Erwachsene, über alte Sehnsuchtsbilder.

Alle Reihen von Urasawa Naoki (geboren 1960) sind lesenswert – doch sie erzählen nicht-linear, mit zig Figuren, meist unnötig verrätselt. *Billy Bat* (20 Bände ab 2008) zeigt einen Disney- und einen Tezuka-haften Zeich-ner, einen Fledermausgott, Segregation in den 50ern und, oft als Helden-figur, Lee Harvey Oswald (John F. Kennedys Mörder). »Ich lese mal weit genug, bis wenigstens die Prämisse klar ist?« Bloß nicht! Wer Verworrenes nicht mag, quält sich nur. Hier ist der Weg der maßgebliche ... Spaß?

Erst 2011 gibt es die erste WM für Skispringer*innen*. Darum tut Nono Nonomiya (*Nononono*, 13 Bände ab 2007) so, als wäre sie ihr toter Zwillings-bruder. *Letter Bee* (20 Bände ab 2006) zeigt Kurierdienste in einer Schnee-Welt mit künstlicher Sonne, Monstern und viel sozialer Ungerechtigkeit. Shōnen mit viel Retro-Charme – doch einigen schmierigen Momenten.

Creepy, dass sich Kazama Ayami im Erklär-Manga *I don't know how to give birth* (2016) im Moe-Stil zeigt: Sie wirkt wie eine weinerliche, schwan-gere Zehnjährige. Schade, dass Naruhiko (schüchtern, auf dem Land) in *The Frog in the Well does not know the Ocean* (3 kluge Bände ab 2018) nur mit kitschigen Provinz-Manga über Jungs-Freundschaft Erfolg hat. Statt Frauen zu zeigen, setzt so auch die reale Mangaka (Yoshino Satsuki) auf Kumpelei, Provinz und typische Typen. Trotzdem: recht gut!

1979 holt Harlequin US-Liebesromane nach Japan. Nur Cowboy-Romances sind kein Erfolg. Ab 1998 zeichnen Mangaka alte US-Romane nach. Übersetzt sind solche Manga bald auch international beliebt. Kitsch, aber Spaß: *To marry a Stranger* (2009, nach Renee Roszels US-Roman 1997).

1984 öffnet die Restaurantkette Denny's (USA, ab 1953) in Japan. Fami-Res (Family Restaurants) haben Sitznischen, Nachfüll-Drinks und WLAN. Auch Jugendliche können dort reden, lernen und länger sitzen. »Kentucky is Christmas«, wirbt die US-Kette Kentucky Fried Chicken 1974 in Japan. Schon davor lügt ein Manager, US-Familien kaufen zu Weihnachten eimerweise Hähnchenteile. *Project X*, TV-Dokus auf NHK, zeigen solche Strategien. Als Manga gelungen: *Project X: Seven Eleven* (2006). Warum sind kleine Supermärkte nach US-Vorbild ab 1973 perfekt für Japans Logistik und Warenwirtschaft?

Hongō Akiyoshi, der Erfinder von Digimon (1997) ist das Pseudonym von Maita Aki (Miterfinderin des Tamagotchi, 1996), von Mangaka Izawa Hiroshi und von Hongō Takeichi, Marketing-Chef von Bandai. Games, Spielzeug und Anime sind hier von Anfang an als »Media Mix« geplant: ein Franchise, viele Medien. Im Sachbuch *Pure Invention* (2020) befragt Matt Alt Kreative und Konzerne in Japan und spekuliert als Kulturwissenschaftler, welche japanischen Produkte die Welt warum begeistern. Der Kern großer Erfolgs-Ideen, zeigt Alt, ist nie Geldgier. Sondern ein Bedürfnis oder Gefühl – über das dann plötzlich die halbe Welt ruft: »Das kenne ich auch, Japan!«

Ein herrenloser Samurai wandert umher – denkt man, wenn die Figur spricht. Doch sie ist ein kleiner Super-Hahn und kämpft gegen Kaijū: *Rooster Fighter* (7+ Bände ab 2020) klappt wegen der realistischen Zeichnungen und dem knurrigen Alter-Mann-Ton. Absurd, cringe, cursed dagegen ist die Horror-Groteske *14 Years Old* (20 Bände ab 1990) über Chicken George – ein Mutant mit Hühnerkopf.

Stanley Kubrick ist Fan von *Astro Boy* und fragt Tezuka 1965, ob er Art Director bei *2001: Odyssee im Weltraum* (1968) wird. Tezuka lehnt ab, weil er (wie immer) viele Manga-Reihen zeichnet und kein Jahr in London bleiben kann. (Im Jahr 1974 zeichnet er im Schnitt 320 Seiten pro Monat.) Ruhig, altmodisch, von Kubrick-Fan Hoshino Yukinobu, im *2001*-Look: *2001 Nights* (3 Bände ab 1984).

Les Misérables (8 Bände ab 2013) nimmt sich Zeit – und zeigt Momente aus dem Roman möglichst markant. *Crime and Punishment: A Falsified Romance* (10 Bände ab 2007) legt Dostojewskis Roman *Schuld und Sühne* (1866) von St. Petersburg im Jahr 1860 ins moderne Tokyo: Auch hier erlaubt die Länge viele unheimliche, traurige und psychologische Szenen.

Legend of the Galactic Heroes (10 Romane ab 1982) hat einen guten Manga (11 Bände ab 1986). Und einen besseren, weil längeren – der jeden politisch hässlichen Moment *zelebriert* (29+ Bände seit 2015): Eine Demokratie im Look der USA kämpft gegen ein faschistisches Kaiserreich. Reinhard von Müsel führt ›Seeschlachten‹ im All und will den Kaiser ersetzen. Fuck Plan von Militärdiktatur! Für Fans von Admiral Thrawn, *Andor* (2022) und anderen düster-politischen *Star Wars*-Nischen.

Die Kolumnistin Fukasawa Maki nennt 2006 Männer, die sich nicht um Sex reißen, »Grasfresser« (sōshoku danshi). Ab 1990 wird es schwerer, Alleinversorger einer Familie zu sein. Wer noch Karriere macht, hat wenig Energie für Dating. Der trockene, oft brillante Comedy-Manga *Hoshi of the Garden of Girls* (3+ Bände ab 2020) zeigt Schülerinnen, die ihren Lehrer für einen Loser halten. Er will nichts von ihnen – doch fragt sich: Welche Sorte Männlichkeit wäre denn beeindruckend, heute?

Bei Hochzeiten nie Schuhe tragen, die Zehenspitzen zeigen (tsumasaki deru) – denn »tsuma saki deru« heißt »Die Ehefrau geht zuerst«, weiß Ritsuko. Sie selbst ist nicht verheiratet, doch seit der Schule vor fast zehn Jahren mit Shuichi zusammen. *Living, Eating and Sleeping together* (5 Bände ab 2012) zeigt einen Tag jeweils aus ihrer und seiner Sicht. Entspannt, erwachsen und ohne Gender-Klischees.

Beim Übernachten in der Schule sterben 21 Menschen an vergiftetem Saft. Shins Vater, ein Polizist, sitzt dafür seit 1989 im Gefängnis. In *Ship of Theseus* (10 Bände ab 2017) ist Shin als Erwachsener plötzlich im Jahr 1989 *und freundet sich sofort mit Papa an*. Die Mutter, die nach den Morden für ihn kämpft, sieht er 1989 nur als junge Frau, die ihn bekocht. Ein packender Zeitreise-Krimi. Doch gruselig, wie egal dem Mangaka die Frauenfiguren scheinen.

Von 1979 bis 2005 sterben fünf Mädchen zwischen 4 und 8 in Ōta. Die realen Entführungen sind Basis für den Zeitreise-Krimi *Die Stadt, in der es mich nicht gibt* (von Sanbe Kei: 9 Bände ab 2012, auch als Anime und J-Drama gelungen). Satoru (29) ist plötzlich 10 und im Jahr 1988. Seine ruppige, alleinerziehende Mutter ist ein Star der Reihe. Als Team verhindern sie Kinder-Morde, auf mehreren Zeitebenen.

In *Island in a Puddle* (5 Bände ab 2019, ebenfalls von Sanbe Kei) tauschen ein Gangster und Minato (Fünftklässler und der einzige, der seine kleine Schwester umsorgt) die Körper. Die Zufälle sind arg beliebig. Doch Stimmung, Emotionen, Psychologie? Intensiv und plausibel.

Radiation House (15+ Bände ab 2015) zeigt ein gewitztes, sympathisches Team – doch auch gern große Brüste, die man besonders gründlich röntgt. *Team Medical Dragon* (25 Bände ab 2002) zeigt ein interessant verkrachtes Team und, wie die Angst vor dem Zorn von Patriarchen Japans Medizin auf jedem Level schwächt. Dass der ›Held‹, ein Chirurg mit Motorrad, der Chefin unter den Rock filmt, passt zu ähnlich ekligen Ärzten im Westen zur selben Zeit, wie *Dr. House* (USA ab 2004).

BL-Mangaka Hilnama (38) zeichnet sich als kraftlosen Hasen: *I'm a terminal Cancer Patient, but I'm fine* (2020) erscheint vier Wochen vor ihrem Tod (2022) auch auf Englisch. Ein Erklär-Manga über Darmkrebs, der zeigt, wie viel Wissen, Persönliches und Ausdruck *ein* Mensch in einen Manga legen und dort hinterlassen kann.

Gesundheitssysteme helfen bei geschlechtsangleichenden Maßnahmen nur, wenn Leute vorher (oft privat, kostspielig) belegen, dass sie unter Dysphorie leiden – und nicht nur als Spiel oder Fetisch genderqueer auftreten. Darum ist schade, dass nicht nur einige Manga-Figuren zeigen »Ich liebe halt Crossdressing. Ich bin ein Junge, der mit Mode spielt. Trans bin ich nicht«, sondern fast alle. (*Madokas Geheimnis*, 2019. *Boy meets Maria*, 2018. Shuichi im Anime zu *Wandering Son*, 2011.) Besondere Rechte, Schutz, Anerkennung fordern solche Figuren nicht.

Ein Crossdresser ermuntert Verkäuferin Miku (25), sich zu schminken. Ihr Yuppie-Mann ist Fleisch- statt Grasfresser und mag ›natürliche‹ Looks. Und dann … ist *Makeup with Mud* (8 Bände ab 2020) doch gar kein Tutorial-Manga (mit ›bunter‹ Randfigur, die wie Cinderellas Fee nur um Mikus Beauty kreist) sondern ein Erklär-Thriller über »Coercive Control«: Beziehungsgewalt, in der du ständig hörst »Ich bin enttäuscht« und dich immer kleiner machst. Entsetzlich gut! Gewalt ist mehr als Schläge.

So toll BL-Manga oft Annäherungen zeigen: »Sind die so aufmerksam, weil *sie sich wollen*?« ist zu oft mit »Ja. Vielleicht nur darum!« beantwortbar. Darum wirkt die Nur-Freundschaft in *Kids on the Slope* so besonders – und darum tut gut, wenn BL-Mangaka auch platonische Teams und Duos zeigen. *Let's destroy the Idol Dream* (6+ Bände ab 2017) zeigt vor allem Hetero-Kumpels, die sich super-nah sind. In *Silver Diamond* (27 Bände ab 2003) ist eine Zauberwelt voller Bishōnen: Dass Schüler Rakan gern kocht und ehrlich herzlich ist, freut nicht nur Typen, die ihn begehren.

Ein Laienschauspieler wird von einer Konditorin ermuntert. Und merkt dann: Nein, von ihrem Kollegen! *I'm kinda chubby and I'm your Hero* (2 Bände, 2021) sagt kein Wort über Queerness. Zwei etwas dickere Männer werden … Freunde? Ein Paar? Gelungen. Schlimm wäre nur, falls alle loben: »So geht eine cleane Romanze. Wholesome. Nichts Anzügliches. Nur so wollen wir Schwule sehen!«

Die (ziemlich queerfeindliche) Wrestling-Kunstfigur Hard Gay zeigt ab 2002: Anders als in BL-Manga mögen viele queere Japaner*innen Bärte und einen Körperbau, der nicht ›zart, knabenhaft‹ ist. Doch Manga zeigt kaum Figuren in solchen Looks. Ausnahmen sind *Dr. Kumahige* (5 Bände ab 1986), *Do not forget* (BL, 2021), bärige »GMPD«-Schwule bei Tagame Gengorō, die Türkei aus *Hetalia: Axis Powers* und viele Soldaten und ältere, kastige Männer aus *Zipang* und *A Spirit of the Sun* (beides von Kawaguchi Kaiji).

Hetalia (Webcomic ab 2006, später Manga und Anime) zeigt Deutschland mit Japan und Italien (Hitlers Verbündete) beim Albern und Streiten. Ein Geschichts-Manga, der den Holocaust ausspart, Nationalismus und Länder-Klischees feiert und Südkorea als aufdringliche, unreife Figur verspottet. *Zipang* (43 Bände ab 2000) zeigt ein modernes Kriegsschiff, plötzlich im Jahr 1942. Viele Ethik-Fragen werden ausgespart. Der Militarismus stößt ab. Keine Empfehlung.

Band 1 von *Ichi the Killer* (10 Bände ab 1998) und von *Homunculus* (15 Bände ab 2003), beide von Yamamoto Hideo, sind grausame-aber-faszinierende Manga für Erwachsene. Ab Band 2 wird klar, wie zentral Yakuza, Straßengangs, Folter sind – und man kann aussteigen. *A Spirit of the Sun* (26 Bände ab 2002) fußt auf *Die Geschichte der drei Reiche*, zeigt ein modernes Japan, durch Erdbeben geteilt, beginnt als packendes Polit- und Katastrophen-Epos und sagt mit Band 2: »Jetzt aber: Straßengangs!«

Anders als die Romanvorlage zeigt die TV-Serie *Pachinko* (mindestens 16 Folgen, USA ab 2022) nicht nur koreanische Familien in Korea und Japan ab 1915, sondern auch das Kanto-Erdbeben 1923. Bis zu 10.000 Menschen aus Korea werden nach dem Beben von Milizen ermordet. Ein rassistisches Massaker, in Folge 7 erklärt. (Das Beben selbst und folgende Brände töten über 100.000 Menschen.)

Nach Japans Angriff auf Pearl Harbor 1941 werden US-Bürger*innen japanischer Herkunft enteignet und in Internierungslager gesperrt: Schauspieler George Takei (*Star Trek*) lässt seine Kindheit im Comic *They called us Enemy* (2019) von Harmony Becker zeichnen. Becker ist japanischer Herkunft und zeigt in *Himawari House* (2021) den Japan- und WG-Alltag junger Leute aus den USA, Singapur und Korea. Nur etwa 2 Prozent der Menschen in Japan sind eingewandert.

New York, 1973: Ein obdachloser Teenager, der seiner Amish-Gemeinde entkommt (doch nicht den Schuldgefühlen), zieht in *Dear Gene* (2 Bände ab 2020) zu einem schwulen Anwalt. Noch liebevoller recherchiert ist *New York, New York* (4 Bände ab 1995): Band 3 und 4 wirken wie *Das Schweigen der Lämmer*-Fanfiction (eine Profilerin, ein Killer), Band 1 zeigt arg viel Trauma und Melodrama. Doch wie plausibel, empathisch, exakt die BL-Reihe um einen Cop und einen obdachlosen Sexarbeiter schwulen Alltag imaginiert? Respektvoll und literarisch.

Vampir und Schurke Dio Brando aus *JoJo* ist bisexuell. Wir wissen das, weil es der Mangaka 2007 sagt. Manga (seltener: Anime) sind voller Figuren, die andere Geschlechter begehren *und* (!) das eigene. Doch »bi«, »pansexuell« (das Geschlecht spielt keine Rolle) oder auch nur »schwul« spricht fast niemand aus. Darum passt der US-Roman *Ein wenig Leben* (2015, von Hanya Yanagihara) zu zig BL-Klischees – Männer sind hier über-famous, über-traumatisiert und »Gay for you«: Sie lieben halt *einen* Mann. Als Teil einer Gruppe und Identität sehen sie sich nicht. Politische Forderungen haben sie keine.

Haben Light Novels viel Dialog, ist die Manga-Umsetzung visuell oft langweilig. *She likes Gay Boys, but not me* (Light Novel 2018, 3 Bände Manga ab 2019) will queeren Alltag realistischer zeigen als in BL-Manga. Am liebsten hätte der Familienvater Makoto Sex mit seinem minderjährigen Sohn. Zur Triebabfuhr trifft er stattdessen Schüler Jun (17?) in Hotels. Alle Figuren finden das normal. Oder: ›normal für Schwule‹? Keine Empfehlung.

Yami Shin und die Zwillingsschwestern Gin Zarbo und Ban Zarbo sind Schweizer Mangaka. Sozan Coskun, Nana Yaa (toller Shonen: *Goldfisch*, 3 Bände ab 2016), Mikiko Ponczek, Kristina Gehrmann, Anne Pätzke und David Füleki sind deutsche Mangaka. Melanie Schober ist Österreicherin.

1888 zieht Vincent van Gogh nach Arles: Er sammelt japanische Drucke und findet das Licht in Südfrankreich »japanischer«. *Jizo* (Szenario: Mr. Tan aus Frankreich, Bilder: mato aus Japan, 2020), Tony Valentes Shōnen *Radiant* (19+ Bände ab 2013), Japan-Comics vom Duo Atelier Sentô und von Camille Monceaux sowie die Trickserie *Ōban Star-Racers* (22 Folgen, 2006) zeigen, wie gern Frankreich nach Japan schaut. *Ama, le souffle des femmes* (2020) zeigt Japans Apnoe-Muscheltaucherinnen.

Beliebte Manhwa: *Bride of the Water God* (26 Bände ab 2006), *Princess* (31+ Bände ab 1995) und heute meist Webtoons, in Farbe. Autor Lim Dall-young schreibt Light Novels und die Szenarios für Manhwa und Manga. Mit dem lieblosen Trickfilm *Super Kid* imitiert Korea 1994 *Dragon Ball*. Heute nehmen viele K-Pop-Acts Songs auch auf Japanisch auf, und Japans TV zeigt mehr K-Dramas als Anime. Hallyu (die »Korea ist im Trend«-Welle, global und in Japan) hat in Korea das Gegenstück »Cool Japan«.

Tang Liuzangs grandioser BL-Webtoon *Salad Days* (China, ab 2019) zeigt, wie sich ein armer Ballett-Tänzer und ein reicher Boxer, beide in der Pubertät, näherkommen. Giruhiru, zwei Zeichnerinnen in Japan, zeichnen oft für Marvel und DC (kawaii: der Marvel-Hai *Jeff*). Takeda Sana zeichnet US-Comics (Tipp: *Monstress*, ab 2016). Kamiya Yū, Autor und Illustrator der *No Game no Life*-Light Novels, ist Brasilianer. Der polnische Illustrator Mateusz Urbanowicz lebt in Tokyo und malt oft Aquarelle von Fassaden.

Allen Say lebt in Oregon und schreibt und illustriert Kinderbücher, oft etwas kitschig. Tipp: *Drawing from Memory* (2011), über seine Jugend in Yokohama. Stan Sakais *Usagi Yojimbo* (219+ US-Hefte ab 1984) zeigt einen Samurai (und Hasen).

Ab 2017 ist C. B. Cebulski Chefredakteur von Marvel Comics. Er spricht Japanisch. Als Manga in den USA beliebter werden, nennt er sich selbst »Akira Yoshida« und schreibt als »authentisch japanischer Autor« Comics für Marvel und Dark Horse (ab 2002; erst 2017 gibt Marvel die Täuschung zu). Ab 2015 zeichnet und schreibt die Japanerin Peach Momoko für US-Verlage, ab 2020 exklusiv für Marvel.

Power Rangers hat überraschend gute US-Heftreihen von Ryan Parrott. Transformers hat Manga und US-Comics: Daniel Warren Johnsons Heftreihe gewinnt 2024 den Eisner Award. Die US-Filme mit Godzilla (das MonsterVerse, ab 2014) und aktuelle japanische Godzilla-Filme sind bisher nicht verknüpft. Die Trickserien *Samurai Jack* (USA, 2001), *Blue Eye Samurai* (USA und Frankreich, ab 2023), *Cyberpunk: Edgerunners* (USA und Japan, ab 2022) und *Pantheon* (USA, ab 2022) greifen Anime-Stile erfolgreich auf. Der US-Comic *Brody's Ghost* (solide, 2010 bis 2015) soll erst »Toshi's Ghost« heißen – doch wirkt mit einer weißen Figur weniger anbiedernd.

Ippatu (ein Geschlecht wird nicht genannt) war Assistent*in bei Taniguchi Jirō. *Das Tsugumi-Projekt* (7 Bände ab 2021) erscheint zuerst im französischen Verlag Ki-oon. Später wird der Manga auch in Japan beliebt (besonders Zeichner*innen feiern die detaillierten Zeichnungen). Dank der Tantiemen der japanischen Ausgabe hat Ippatu die finanziellen Mittel, die Serie gut abzuschließen: ein »umgekehrter Import« (Gyaku yunyū).

Sonic hat US-Comics, Manga und lange auch britische Comics. Ein Einhorn-Magier will Tails' größten Wunsch erfüllen. Als Tails sich wünscht, dass man »die Welt von Dr. Robotnik befreit«, steht er mit einem Kurzgewehr in einer Stadt wie Dallas: Robotnik fährt im Cabrio vorbei wie John F. Kennedy. Tails drückt nicht ab (Heft 87 von *Sonic the Comic*, UK 1996).

Weil die Schriftzeichen von »Spyro« aussehen wie die westlichen Buchstaben RIPTO, heißt der Schurke im Game *Spyro 2* »Ripto« (1999). Das RPG *Segagaga* (2001) und die Manga *World War Blue* (10 Bände ab 2007) und *Uncle from another World* (11+ Bände ab 2018) sind voller Gaming-Nostalgie und Verweise auf die Sega-gegen-Nintendo »Console Wars« ab 1985. Im Game *Punch-Out!!* (2009) liest Boxer Hondo im *Sailor Moon*-Manga. Angeblich zahlt Nintendo später »Millionen« als Entschädigung dafür, einige Manga-Seiten hier unerlaubt gescannt und gezeigt zu haben.

Yasuke ist Schwarz und dient um 1580 dem Feldherrn Oda Nobunaga. Eine Trickserie zur historischen Figur hat 2021 schlechte Kritiken. Bei *Afro Samurai* (Manga 1999, Anime 2006) kommt nur der Anime gut an. *Michiko & Hatchin* (Anime: 22 Folgen ab 2008) hat eine afro-brasilianische Heldin. *Cannon Busters* (US-Comics und Trickserie, ab 2005) und *Clock Striker* (US-Webcomic ab 2017) zeigen Schwarze Heldinnen im Shōnen-Stil. Sharean Morishita ist Schwarz und zeigt Schwarze Heldinnen in Webtoons. *The Boondocks* (US-Comic Strip 1996 bis 2006, Trickserie ab 2005: 55 Folgen) zeigt Schwarzen Alltag in den USA – klug politisch und mit vielen Manga-Einflüssen.

Stefan Zweigs Biografie *Marie Antoinette* (1932) ist Grundlage für *Die Rosen von Versailles*. Zerstörte Kleinstädte und die Tiamat-Legende: Nis Momme Stockmanns Roman *Der Fuchs* und *Your Name* (beide 2016) haben zufällig große Parallelen. Faraz Shariat zeigt im queeren deutschen Film *Futur Drei* (2020) ein Video von sich als Kind im Sailor-Moon-Cosplay. Arwa und Tariq leben in Wien und werden ein Paar: Mehwish Sohails kluge New Adult-Romanze *Like Water in Your Hands* (2021) zeigt Tariq oft wie Mamoru in *Sailor Moon*.

Schwarzer Regen (Roman von Masuji Ibuse, 1965) zeigt den Abwurf der Atombombe auf Hiroshima und, wie selbstverständlich Ärzte damals Patient*innen belügen, um ihnen »keine Hoffnung zu rauben«. *Eine Schublade voller Briefe* (Jugendbuch von Yumoto Kazumi, 1997) zeigt ein Haus mit möblierten Zimmern und, wie die einsame Chiaki (6) von der schroffen Vermieterin lernt. Für *Von Stroh und Seide: Erinnerungen aus Japans Provinz nach der Jahrhundertwende* (1981) sammelt der Arzt Saga Jun'ichi Protokolle aus seinem Dorf.

Der Hausherr hängt einen erlegten Fasan auf ... und vergisst ihn. Weil niemand im Haushalt den Geruch erträgt, hängt ein Gärtner ihn ab und nimmt sich dann zur Buße das Leben. In *Shōgun* (britischer Roman, 1975) wird ein Brite zum Berater für Tokugawa Ieyasu. Auch die Serien-Version (USA 2024, insgesamt besser als das Buch) zeigt dauernd Selbsttötungen. Die recht hämische These: Ganz Japan denkt im Jahr 1600 pausenlos »Worum geht es im Leben? Um Pflichterfüllung, Selbstzucht und den Tod.«

Bei *Kleine Katze Chi* (12 Bände ab 2004) und *Nights with a Cat* (6+ farbige Bände ab 2019) kommen auch Erstleser*innen gut mit. *Emanon* (2006) zeigt einen Flirt 1967 in ruhigen, übersichtlichen Panels. *Shunas Reise* (Miyazaki Hayao, 1983) ist ein illustrierter Text: ein Abenteuer, griffig, zugänglich und in Farbe. *Afternoon Yawns* (3 Bände ab 2014) und *Soda Water of August* (farbiger Band, 2012) zeigen kleine, sommerliche Momente, in denen Alltag zum surrealen Traum wird: Magischer Realismus.

My Love Story (14 herzige, super-witzige Bände ab 2011) zeigt einen bulligen Schüler. Er kann nicht glauben, dass die sanfte Rinko ihn mag – statt seinen besten Freund (Suna: Bishōnen und wohl asexuell). Auch *Mixed-up first Love* (9 Bände ab 2019) hat einen tollen ersten Band – wird aber später zäher. *Given* (9 Bände ab 2013) zeigt vier Jungs in einer Band: In fünf kraftvollen Bänden werden sie zwei Paare. Dann folgen vier belanglose Bände mit kurzen Szenen und Vignetten.

Yaguchi Takaos Erinnerungs-Manga an Tezuka (1989) ist in Italien erhältlich, der Erinnerungs-Manga (2024) des Anime-Regisseurs Rintarō (*Captain Harlock*, 64 Folgen ab 1978) in Frankreich. In beiden Ländern beliebt: *Candy Candy* (9 Bände ab 1975; auch als Anime ein Shōjo-Klassiker), Ikeda Riyokos lesbisches Internats-Drama *Dear Brother* (3 Bände 1974, 39 Folgen 1991), Kamimuro Kazuos Erinnerungen an 1945 (*Kanto Plain*, 4 Bände 1978) und Hirata Hiroshis Samurai-Manga aus den 70er Jahren.

Nicht-japanische Charaktere werden manchmal mit übertrieben hervorgehobenen Gesichtszügen gezeichnet. *Teenage Renaissance* (4 Bände ab 2018) zeigt den Japaner David, etwa 15. Er sieht aus wie Michelangelos David-Statue (1504): marmor-grau, überakzentuiert. Witzig-markant sind auch die Shōjo-Designs von Hideko Mizuno und, als japanische Subkulturen: Itasha (Autos, mit Figuren aus Manga, Anime, Games und anderem lackiert oder foliert) und Dekotora (decorated Trucks: dramatisch geschmückte LKWs).

Die Kunst von Murakami Takashi, Kusama Yayoi und Okamoto Tarō (verstorben 1996, sein Vater war Mangaka) hat Anime- und Pop-Einflüsse. Sehenswert: die großäugigen Figuren von Nara Yoshitomo, die Filmposter von Ōrai Noriyoshi, die Gemälde von Taniuchi Rokuro, die Mode-Illustrationen von Nakahara Jun'ichi und alles von Tiger Tateishi.

Fallen City: Hong Kong (Kwong Shing-Lau, 2020) dokumentiert Proteste und Architektur. Die Mangaka von *Blame!* (10 Bände ab 1997) und *Akira* lieben riesige, beklemmende Bauten. Alphas Café in *Yokohama Shopping Log* hat ein reales (privates) Wohnhaus zum Vorbild. Pistolen und Flugzeuge sind in Manga oft möglichst exakt gezeichnet. Stefan Riekeles (2011: Bildband *Proto Anime Cut*) führt in Potsdam eine Galerie für »Animation Background Art«: Entwürfe und in Anime genutzte fertige Bilder von Architektur und Landschaften.

Lange ist (in Katalogen und Magazinen) Mode-Illustration wichtiger als Mode-Fotografie. Die Mutter von Alex Ross (DC und Marvel) war Modezeichnerin: Sohn und Mutter malen sehr ähnlich. BL nutzt oft Posen aus Modedesigns. Takeuchi Naoko zeigt Figuren in realen Outfits (meist High Fashion von Thierry Mugler, Chanel, Christian Dior). Der Farb-Manga *Veil* (6+ Bände 2019) zeigt eine blinde Erbin und einen Polizisten wie in Europa 1940: faschistische Outfits. *Stop!! Hibari-kun!!* (4 Bände ab 1981) zeigt ein trans Mädchen (15) in meist toller, zeitgemäßer Mode. Auch die Figuren in *Yū Yū Hakusho* (1990) zeigen viel (Alltags-)Mode.

Tuxedo Mask (Mamoru) in *Sailor Moon* soll erst »Mysterious 2098 Face« heißen. Ikuhara Kunihiko, Regisseur vieler Folgen, findet die Figur spießig und würde sie gern töten. (Er ist Fan von Sailor Mars und cosplayt sie mehrmals). Wer sich von Anime gern irritieren lässt: Zum grimmigen Humor von Ikuharas *Utena* (1997) und *Mawaru Penguindrum* (24 Folgen, 2011) passen auch *Mind Game* (2004), *Penguin Memories* (1985) und *Now and then, here and there* (13 Folgen, 1999).

Mura Nunoe ist zehn Jahre jünger als Mizuki Shigeru und schreibt 2008 ein Essay über die Ehe, *Mrs. GeGeGe*. 2010 wird es verfilmt. Warum ist die Tante in *Die letzten Glühwürmchen* so distanziert? Ein TV-Film 2005 zeigt ihre Sicht. Tamura Yumi hat seit 1990 Hit-Reihen: *Basara* (Fantasy, 27 Bände bis 1998), *7 Seeds* (Survival nach einem Massensterben, 35 Bände bis 2017). Beides wäre verfilmt recht teuer. Erst *Nenn es nicht Mystery* (14+ Bände seit 2017) wird auch ein J-Drama.

1983 zeigt ein *Golgo 13*-Anime die erste CGI-Sequenz: Hubschrauber zwischen Hochhäusern. *Flag* (13 Folgen, 2006) und der Manga *Goodbye, Eri* (2022) zeigen alles wie durch eine Kamera. *Kaiba* (12 Folgen, 2008) hat einen Kinderbuch-Stil, *Gankutsuō* (24 Folgen, 2004; nach *Der Graf von Monte Christo*) zeigt collagenhafte Texturen und Hintergründe.

Rotoskopie – man übermalt gefilmte reale Menschen – wird schon bei *Die Prinzessin mit dem Eisenfächer* (1941) genutzt. Gesichter und Bewegungen wirken hier meist überraschter und nervöser: In *Die Blumen des Bösen* (13 Folgen, 2013) und *Ronja Räubertochter* (26 Folgen 2014, von Miyazaki Gorō) passt es gut; in den USA auch bei *Undone* (16 Folgen ab 2019).

Bekannt und geliebt sind die Insel-Mystery *Hell's Paradise* (13 Folgen, 2023), *The First Slam Dunk* (2022), der surreale Tier-Krimi *Odd Taxi* (13 Folgen, 2021), Survival bei *Dr. Stone* (57+ Folgen ab 2019), die Steampunk-Romanze *Violet Evergarden* (13 Folgen 2018, später Filme) und *Samurai Champloo* (26 Folgen, 2004). Zu unbekannt: *Ramayana* (1993, über eine Hindu-Legende). Ein Vorbild für die Stadt in *Violet Evergarden* ist Cochem an der Mosel; und seit 2017 sind Kreative aus dem Team regelmäßig auf der Convention AnimagiC in Mannheim. 2019 feiert der Anime *Violet Evergarden – Eternity and the Auto Memory Doll* (2019) auf der Con Weltpremiere.

Anime über Jugend, Kindheit, Alltag: *Suzume* (2022), *TONIKAWA* (25 Folgen und 2 Filme ab 2020), *A Place further than the Universe* (13 Folgen, 2018), *Ame & Yuki – die Wolfskinder* (2012), *Ein Sommer mit Coo* (2007) und *Das Mädchen, das durch die Zeit sprang* (2006). *Suzume*-Regisseur Shinkai Makoto stammt aus einem Bergdorf. Die Darstellung des Himmels in seinen Arbeiten wirkt auf viele Japaner*innen, die an Küsten leben, unnatürlich bunt – nicht so klar und blau wie der Himmel über dem Meer.

Beliebte Science-Fiction- und Fantasy-Anime sind *Heavenly Delusion* (12+ Folgen ab 2023), *Bright Sun – Dark Shadows* (25 Folgen, 2022), *From the New World* (25 Folgen, 2012), *Steins;Gate* (24 Folgen, 2011), *Dennō Coil* (26 Folgen, 2007). Bitte bald animieren: *Dinosaur Sanctuary* – ein Tierpflege-Manga über Parks für geklonte Dinos (6+ Bände ab 2021).

In vielen Otome-Games kann sich die Hauptfigur (meist männlich und hetero) aus einem Harem eine Favoritin auswählen. Was wird aus den anderen Mädchen und Frauen? *Mashiro-iro Symphony* (Game 2009, mehrere Manga ab 2009, 12 Folgen und Anime-Film 2011) gibt Freundinnenschaft und Miteinander viel Raum. Auch *Meine ganz besondere Hochzeit* (12+ Folgen und Anime-Film ab 2023, davor Light Novels und ein Manga) lebt von Gefühl und Charakterentwicklung: Die Animationen sind bewusst schlicht. Die Synchronsprecher*innen bringen Glanzleistungen.

Wer bei »Magical Girl« noch heute nur an Verliebtsein, Glitzer und schnelle Lösungen durch Zauber denkt: Die Mädchenclique in *DoReMi* (201 Folgen ab 1999) muss ab Staffel 2 ein Baby großziehen (mit der realistischen Hilfe von Doremis Mutter), hilft kranken Klassenkamerad*innen und erlebt Machtgefälle und Sexismus in Japans Unterhaltungsindustrie.

Die Widerstandskämpferin Ayase in *Guilty Crown* (22 Folgen ab 2011) nutzt einen Rollstuhl. In *Yuki Yuna is a Hero* (36 Folgen ab 2014) verlieren Schülerinnen nach und nach Gliedmaßen, Sinne und die Kontrolle über ihre Körper. Auch *Fullmoon wo sagashite* (7 Bände und 52 Folgen, beides ab 2002) erzählt ergreifend und mitreißend von Träumen und Krankheit: Mitsuki (12) will singen. In ihrem Hals wächst ein Tumor.

Eine Heldin regelt das: Prinzessin Silber hat zwölf schlechte Eigenschaften. Als ein Fremder sie bestraft, indem er ihre Eltern versteinert, will sie (mit einem Schwein und einem Hahn) den Fluch brechen: *Yume no Crayon Ōkoku* (3 Bände und 70 Folgen, beides ab 1997; Vorlage ist eine Kinderbuchreihe). Die sarkastische Erzählerin Watashi (Japanisch für »Ich« – als einziger Mensch braucht sie keinen Namen) lebt unter bunt gekleideten Mini-Wesen und sucht Lösungen in einer postapokalyptischen Welt: *Humanity has declined* (11 Light Novels ab 2007, 3 Bände und 12 Folgen 2012).

Als Top 3 der besten Animationsfilme nennt die Zeitschrift *Kinema Junpo* 2009 drei Filme von Miyazaki. *Crayon Shin-Chan: The Adult Empire strikes back* (2001) ist auf Platz 4. Vor dem Hintergrund der Weltausstellung in Osaka 1970 geht es um die Sehnsucht nach der eigenen Kindheit und um toxische Nostalgie. Vor allem im Westen verbindet man mit *Shin-Chan* Fäkalhumor. In Japan wird *Shin-Chan* generationsübergreifend als rührende Familien-Comedy geschätzt.

Sensible Themen:
In diesem Kapitel werden viele Übergriffe (sexualisierte Gewalt) behandelt.

»Super Arsch, wie immer!« ruft die Jungs-Clique auf Seite 5 von *UQ Holder* (28 Bände ab 2013) der Vampir-Kriegerin Yukihime entgegen. Aladin drückt sein Gesicht zum Schlafen zwischen die nackten Brüste von Sahsa, weil ihm »kalt ist« (Kapitel 1 von *Magi*, 37 Bände ab 2009). Lucy will in Kapitel 1 von *Fairy Tail* (85+ Bände ab 2006) einen Rabatt und drückt ihren Ausschnitt ins Gesichtsfeld des Verkäufers: »Und da ist nichts zu machen? Du süßes Onkelchen, du.«

Mit sieben Dragon Balls will sich Bulma »einen total süßen Freund« wünschen.« Sie hebt das Kleid, damit Son Goku seinen Ball abgibt: »Wenn du willst, darfst du auch mal kurz anfassen.« Shōnen-Manga – die von Kapitel 1 an zeigen: Nur Mädchen, die das witzig finden, sind hier richtig!

Masashis Gesicht verbrennt bei einem Unfall. Niemand im OP weiß, wer er ist: Man findet nur ein Foto seines Schwarms Rini. Nach über einem Jahr Koma sieht er: Er trägt jetzt Rinis Gesicht – das Foto war die Vorlage im OP! Zum Glück ist Rinis Zwillingsschwester verschollen. Er zieht bei Rinis Familie ein und hofft, Rini will lesbischen Inzest. *Pretty Face*, 6 Bände ab 2002: Comedy, in *Shōnen Jump*.

Shoko Bethke schreibt 2022 in der *taz* über Shōjo-Manga, die sie als Kind las: »Die Stories haben fast alle dieselbe Handlung.« Zuerst verliebt sich ein gewöhnliches Teenagermädchen in *den einen* Jungen aus der Schule oder Klasse, der die Perfektion in Person ist. Dann steht ihr der beste Freund des Jungen in jeder Not bei; und am Ende liefern sich die Jungs einen Kampf mit dem einzigen Zweck, das Mädchen für sich beanspruchen zu können. Sie schaut voller Sorge dabei zu. Dass sie kein Mitspracherecht hat und »als Trophäe missbraucht wird, scheint sie nicht zu stören«.

»Mit Papa ist es schrecklich«, sagen Masaki (fast 20) und Haruki (über 20) zu ihren Müttern – und dann sofort: »Entschuldigung!« Denn sie können gehen. Mama »muss es mit Papa aushalten« und wird wohl bleiben: *Boyfriend* (ab 1985) und *The Beautiful Greenness* (2013).

Der beliebteste Junge der Schule ist in Wahrheit zynisch und behandelt Erika wie einen Hund (*Wolf Girl & Black Prince*, 16 Bände ab 2011). Kurumi (17) verarztet einen Fremden. Er ist Gangster, 18, entführt sie nach Hong Kong und zwingt sie zum Sex. Sie heiraten am Ende (*Haou Airen*, 9 Bände ab 2002). Als ihr Freund Shishio sein Schwert in Kenshin rammt – durch Yumis Körper hindurch –, ist Yumi glücklich: Sie fühlt sich nutzlos und war zum ersten Mal zu etwas gut (*Rurōni Kenshin*).

Ein Duft- und Seifen-Designer sagt zu Kollegin Asako, er müsse täglich an ihr riechen. Bald packt er sie im Schritt. Dann soll eine ›ritterliche‹ Szene alles halb so schlimm erscheinen lassen: Er rettet sie im Zug vor einem Grapscher. *Du riechst so gut* (11 Bände ab 2018) zeigt korrekt: Sexualisierte Gewalt wird meist von Menschen im direkten Umfeld verübt. Doch hassen sollen wir den Grapscher. Der Designer ›ist eben leidenschaftlich‹. (2023 sagen 10 Prozent der Männer und 40 Prozent der Frauen in Japan, sie wurden öffentlich betastet.)

Journalistin Itō Shiori sagt: Ein Polit-Journalist (Abe Shinzōs persönlicher Biograf) hat sie 2015 betäubt. In einem Hotel erfuhr sie sexualisierte Gewalt. 2017 wird ihr Buch *Black Box* zentral für Japans #metoo-Proteste. 2019 wird er verurteilt. Auch ein Karikaturist/Mangaka, der eine Figur mit Itōs Gesicht in »So schlafen sich Frauen hoch!«-Szenen zeigt, muss eine Geldstrafe zahlen.

Daikichi (30) umsorgt Rin (6), die Tochter seines toten Großvaters. *Bunny Drop* (10 Bände ab 2005) beginnt als heiterer »Hoppla: Ich bin jetzt Papi!«-Iyashikei. Doch ab Band 5 ist Rin 16, Daikichi 40. Sie wissen jetzt: Sie sind nicht blutsverwandt. Rin will ein Kind von ihm.

Wer packt in *Karate Master Minoru* (50 Bände ab 2000) nachts junge Männer und dringt in sie ein? Pedro, Austauschstudent aus Brasilien, ist 21, schwul und will die Hauptfigur immer wieder zum Sex zwingen. Er trägt eine Maske, aber wird enttarnt. Die Clique verzeiht alles und trainiert gern mit ihm.

Ein Mädchen wirft Schüler Raiki vor, im Zug ihren Hintern berührt zu haben. In *Shimoneta: A boring World where the Concept of Dirty Jokes doesn't exist* (Light Novels ab 2011, dann Manga und Anime) ist die Gesetzgebung so streng, dass man mit falschen Anschuldigungen leicht reich wird.

Ehefrauen, klein gehalten und verängstigt: Vier intensive Bände *One Half of a Married Couple* (8 Bände ab 2019) zeigen Misogynie (Frauenfeindlichkeit) und Machtgefälle durch Gesetze (Japan erlaubt den Abbruch einer Schwangerschaft oft nur, wenn der Ehemann einwilligt). Band 5 bis 8 klären auf: Ayas Mann will nur ihr Bestes! Eine gierig-neidische ›Freundin‹ von Aya erpresst ihn mit gestellten Fotos und erlogenen »Du willst mich zum Sex zwingen«-Vorwürfen. Eine Schurkin, weit hergeholt und misogyn.

Durch *Shin-Chan* reich geworden, baut Usui Yoshito 1994 Gebetsräume für die Zeugen Jehovas an sein Haus. Bei Treffen im Verlag liest er 20 Minuten aus der Bibel vor. Das Christian Broadcasting Network (USA) finanziert 1981 *Das Superbuch* (26 Folgen, auch auf TV Tokyo). Bezahlt die Happy-Science-Religion Geld, liefern der Verlag Shūeisha und Studios wie Toei gern die bestellten Anime und Manga. *Evangelion* zeigt jüdische und christliche Symbole – weil christliche Symbolik zur Tradition der *Ultra*-Serien gehört: Tsuburaya Eiji (*Ultraman*) war streng katholisch.

Schweißperlen, Gehauchtes, Dampf, stoßweise Silben in kleinen Sprechblasen, Lautzeichen, Lichtblasen, -perlen, -strahlen, Speichelfäden, Tropfen, Glanz, nicht-gezeigte Brustwarzen, überblendete Genitalien, faltige Bettlaken, Haarsträhnen in jede Richtung, oft überlange Finger, Arme, Beine: Sexszenen in Schwarzweiß-Manga sind meist ein vages visuelles Durcheinander, über das man mit dem Auge stolpert wie über eine Landkarte.

Ein Pfau in *Beastars* ist schwul – doch die Mangaka sagt das nur nachträglich. Yada in *Assassination Classroom* (21 Bände ab 2012) ist bi – doch das steht nur im Steckbrief, nicht im Manga. Dem *Fairy Tail*-Mangaka ist recht, wenn Fans Natsu mit Lucy mögen, mit Lisanna … oder mit Gray. Heißt das, Natsu ist bi? Studio Ghibli zeigt keine einzige queere Figur. Doch *Cagliostro* (1979) ist auf jeden Fall schwul, sagt Miyazaki – es gäbe nur keinen Grund, das zu zeigen. Grell in *Black Butler* (34+ Bände ab 2006) ist eine trans Frau. Direkt benannt wird das nicht.

Über Norba Shino (2015 bis 17) in *Gundam* wird nachträglich gesagt: Er ist bi. Zwei Frauen tragen am Ende von *Gundam: The Witch from Mercury* (2022) Trauringe. Sie sind ein Paar, sagt das Magazin *Gundam Ace*. »Das ist nur Spekulation«, sagt Bandai Namco und streicht den Satz.

»Ich liebe dich«, hört Shinji in *Evangelion* von Kaworu. Netflix ändert das 2019 zu »Ich mag dich«. Shūha heißt Sekte, Fraktion oder Splittergruppe. Statt »Mitglieder einer Sekte haben Tokyo-2 angegriffen« entscheidet sich Netflix für: »linke Terroristen«.

Konaka Chiakis *Serial Experiments Lain* (Cyberpunk-Horror, 13 Folgen) wirkt 1998 frisch und tief. 2021 schreibt er ein Hörspiel zum Jubiläum von *Digimon Tamers* (51 Folgen, 2001) über die Gefahr, dass ›Andersdenkende‹ im Internet ›zensiert‹ werden: Das böse Digimon heißt »Political Correctness«, sein Angriff: »Cancel Culture«.

UQ Holder endet 2022, denn Akamatsu Ken (geboren 1968) wird der erste ins Oberhaus des Parlaments gewählte Mangaka. Er will möglichst wenig Jugendschutz, keine Verbote für Zeichnungen nackter Minderjähriger und, dass Screenshots nicht plötzlich als Copyrightverletzung verfolgt werden. Asō Tarō wird 2006 beim Lesen von *Rozen Maiden* (8 Bände ab 2002) fotografiert und dadurch bei Otaku populärer. 2017 sagt er, »Hitlers Absichten« seien richtig. Koike Yuriko, Tokyos Gouverneurin, trägt manchmal Kostüme (Maetel aus *Galaxy Express 999*, Sapphire aus *Princess Knight*). Alle drei waren oder sind in der rechten Partei, die Japan seit 1955 fast durchgängig regiert: die »liberal-demokratische« LDP.

Es gibt die Manga *Citrus, Orange, Clover, Honey & Clover, Honey Honey, Honey Lemon Soda, Strawberry Shake, Golden Raspberry, Candy Candy, Shortcake Cake, Marmelade Boy* und *Caramel Boy*. Passende Titel – aber leicht zu verwechseln.

Wixoss meint »Wish Across« (24 Folgen, 2014). *Digimon Xros Wars* heißt im Westen *Digimon Fusion* (79 Folgen ab 2010) und meint »Cross Wars«. Das Wort für Schweiß im Sport-Drink Pocari Sweat soll ermuntern: »Trink mich, um den Flüssigkeitsverlust beim Sport auszugleichen.« *Gundam* steht für »Gun and Freedom«. Ein Produzent, der Shakespeare liebt, will den Anime *Megaroad* lieber »Macbeth« nennen. Der Kompromiss am Ende ist »Macross«.

Zeichnungen nackter Kinder werden oft als »Victimless Crime« verharmlost: ein Verbrechen, das keine konkreten Opfer hat. Doch wenn sich reale Erwachsene nackt zeigen, tun sie das bewusst: Sie geben Consent. Viele fühlen sich gestärkt (empowert). Keine gezeichnete Figur ist fähig, so eine Einwilligung zu geben und selbstbestimmt zu handeln: kein Consent, keine Agency. Darum sind nackte Figuren immer objektifiziert – und eine Machtgeste der Person, die sie zeichnet, ausstellt, drapiert. Wir sehen Körper ohne freien Willen, die uns signalisieren: Körper sind benutzbar.

Nina stößt und reibt sich in *Code Geass* vor Lust auf Euphemia an einer Tischkante (2007). *Melody of Oblivion* (6 Bände 2002, 24 Folgen 2004) zeigt einen Stall, in dem junge Frauen gemolken werden wie Kühe – ein Farmer trinkt die Milch. Das Game *Metal Gear Solid 5* (2015) erklärt: Quiet darf kaum Kleidung tragen, weil sie nur durch ihre Haut atmen und trinken kann. Sie erstickt, wenn sie nicht halbnackt ist.

Dakimakura sind längliche »Umarmungs-Kissen«, bedruckt mit fast lebensgroßen Figuren. Lehrer Kimura zeigt in *Azumanga Daioh* (4-koma, 4 Bände ab 1999) ein Foto und haspelt »my Waifu« statt »my Wife«. Weil alle denken »Ist das eine Figur, die er anhimmelt ... oder echt seine Frau?«, nennen westliche Fans Figuren, an die sie sich wanzen würden, Waifu (und Husbando). »3D pig disgusting« meint scherzhaft-aber-misogyn: Reale Körper sind ekelhaft – gemessen an 2D-Waifus und Kissen.

Computer sehen in *Chobits* (8 Bände ab 2000) meist aus wie kindliche, passive Minderjährige. Der Reset-Schalter ist zwischen den Beinen. Vier weibliche Mangaka (CLAMP: seit 1991 zu viert, davor ab 1989 eine große Dōjinshi-Gruppe) zeigen Machtgefälle und Objektifizierung. Künstliche Intelligenzen werden hier *von Usern benutzt* – als Sklavinnen und feminine »Assistenz«. Oft zeigt der Manga aber einfach nur: »Ui, mein PC ohne Höschen trägt jetzt Kleider meiner sexy Nachbarin!«

Rape Culture heißt: Die Mächtigen zeigen ihre Macht, indem sie Machtlose penetrieren, »entehren«, sammeln wie Trophäen. Damit Models passiver und benutzbar wirken, sind sie auf Modefotos oft drapiert wie nackte Leichen oder Bewusstlose. Maetel ist schlank, fragil, hat überlanges, helles Haar. Matsumoto Leiji zeichnet fast jede Frau in diesem Stil: Tetsuos Mutter (in *Galaxy Express 999*, 1978) hängt erschossen, ausgestopft, ohne Hände und Füße in knapper Unterwäsche im Salon eines Robo-Adligen, als »schöne Trophäe«.

Für gute Stimmung im Jungen-Internat leben jedes Jahr einige Jungs als Prinzessin (*Princess Princess*, 5 Bände ab 2002). Tsubasa ist ein Mädchen, das sich als Junge tarnt – denkt jeder im Internat. Keiner fragt nach, denn alle finden es »romantisch« (*Girls Saurus*, 3 Bände ab 2001). Aki wird für ein Mädchen gehalten und in ein Mädchenwohnheim quartiert (*Miss Caretaker*, 8 Bände ab 2014). Wirkt eine Figur feminin, soll sie akzeptieren, dass man sie für benutzbar hält.

Denji aus *Chainsaw Man* (17 + Bände ab 2018) und Arata in *Trinity Seven* (27+ Bände ab 2010) sind ständig lüstern – offen horny. Meist aber landen Shōnen-Helden nur zufällig in Schlüpfrigkeiten, als »Lucky Perverts« (rakkī sukebe). So wirken sie sympathisch, schuldlos, weniger kalkuliert.

Ab 1972 haben Heldinnen in US-Liebesromanen viel Sex: Sie werden vom Mann gezwungen. Später verliebt er sich und »wird zärtlicher«. So bleiben Frauen, die bis zur Ehe warten sollen, ›anständig‹: Sie führen nichts aktiv herbei und ›gelten nicht als verdorben‹. In den USA heißen die Bücher »Bodice Rippers«, auf Deutsch »Nackenbeißer«. Manga zeigen Kichiku: »dämonische« Partner (meist Männer), die sich nehmen, was sie wollen.

Katsura (28) glaubt, Izumi (16) sei ein Escort, den er gebucht hat. Der Schüler hat kein Interesse an Männern, doch kommt kurz mit zum Reiten und zum Dinner. Er trinkt zu viel, wird ohnmächtig und erwacht, als Katsura nackt auf ihm liegt. Sie haben Sex und werden ein Paar (*Love Mode*, 11 Bände ab 1995). Akihito wird zum Sex entführt und gefesselt (*Finder*, 13+ Bände ab 2002), Soichi steht unter Drogen und schreit »Nein!« (*Verliebter Tyrann*, 14+ Bände ab 2004). Alle drei verzeihen die Gewalt.

Visual Novels sind Games: Text-Adventures, in denen oft lange Dialoge geführt werden. Geht es um Dating, heißen sie Otome-Games. Erogē sind »Erotic Games«, Nakigē sind Games, die zu Tränen rühren wollen. Im Otome-Game *Amnesia: Memories* (2013) sperrt Toma die Heldin in einen Käfig. Trotzdem gibt es eine Route durchs Spiel, die in Tomas Armen endet: Man kann ihn zufrieden stellen!

Tsundere-Figuren (wie Asuka in *Evangelion*) rümpfen abweisend die Nase – aus Angst, verletzt zu werden, doch haben auch sanfte, versteckte Seiten. Oft sind Tsundere als Figur gelungen; doch in der Masse wird der Archetyp schnell zum Klischee. Kugimiya Rie spricht Louise in *Familiar of Zero* (ab 2006): Die Sprecherin wird als »Tsundere-Königin« gefeiert.

2009 zeigt sich Wladimir Putin beim Reiten mit freiem Oberkörper. In *Ride-On King: Der ewige Reiter* (12+ Bände ab 2018) zähmt der Präsident von Prussland magische Tiere, um halbnackt auf ihnen zu reiten. Ähnlich trashig klingt ein cozy Iyashikei übers Jagen in (Fantasy-)Finnland – doch Schuld ist nur ein Wort im Titel: *The Snow Country Hunting Life of the Northern Nobleman and the Raptor Wife* zeigt Soldatin Sieglinde, die probeweise ins Dorf zieht. Ein »Raptor« ist sie nicht. (10 Bände ab 2018)

Die Light Novel *Moshidora* (2009, über Baseball und Management) hat einen langen Untertitel. Ab 2011 haben viele LNs (und Manga) beschreibende Titel: *Mein geliebter Gaming-Freund ist mein fieser Boss* (3+ Bände ab 2020), *Ich bin nur die Nebenrolle, holt mich hier raus* (Webtoon, ab 2022), *I was summoned to another World as a Saviour, but since I'm a Woman in my 30s, that's unreasonable, so I started a quiet Book Café* (5 Bände ab 2019).

Killer Shark in another World (6+ Bände ab 2020) und *I thought it was a Fantasy Romance, but it's a Horror Story* (koreanische Web Novel, ab 2023 auch Webtoon) klären die Prämisse schon im Titel. *The Red Ranger becomes an Adventurer in another World* (6+ Bände ab 2020) zeigt den typischen Sentai-Anführer (oder roten Power Ranger) auf Fantasy-Mission. *Penguin Gentlemen* (2019) erklärt, wie Pinguine in Kolonien leben. Gezeichnet sind sie als Kellner im Frack. Comedy-Manga mit »Witzig, da blättere ich mal rein!«-Prämisse werden im Westen oft als ›Beweis‹ gesammelt für die rassistische Behauptung: »Traurig. Japan nimmt jeden Quatsch naiv ernst!«

Wer als Schleim, Spinne oder Gras (!) neu geboren wird, hat in Isekai meist keine Dysphorie. Studentin Urano in *Ascendance of a Bookworm* (Light Novel ab 2013) erträgt, jahrelang ein Baby zu sein. Ein fieser Manager wird in *Tanya the Evil* zum neu geborenen Mädchen: Am neuen Körper stört ihn vor allem die körperliche Schwäche. Ein Klappentext wie »Takumi is a young, former Japanese man« wirft die Frage auf: Ist ein Mensch of Color, plötzlich ungewollt im weißen Körper, kein Mensch of Color mehr?

Kowloon Generic Romance spielt in Hong Kong. Warum ist jede Hauptfigur aus Japan? *Black Lagoon* zeigt meist Thailand, doch hat keine Hauptrolle aus ganz Südostasien. *Atelier of Witch Hat*, *Magus of the Library* und *The Blue Eye of Horus* zeigen recht diverse Figuren; die Hauptfigur hat die hellste Haut. Ab 1989 hat fast jede Figur der Joestar-Familie (auch) japanischen Background: So ist jeder Sieg eines *JoJo* auch ein Sieg für Japan. Fantasy über verfolgte Minderheiten (solide: *Somali und der Gott des Waldes*, 6 Bände ab 2015) zeigt die Minderheit gern möglichst blond oder japanisch aussehend.

Jüdische Banken wollen Japan mit Atommüll zerstören, zeigt *Angel Cop* (6 Anime-Filme als Kaufvideo, ab 1989). Die US-Übersetzung streicht die antisemitischen Sätze. Der Manhwa *Simple Thinking about Blood Type* (2 Bände, 2011) erklärt: Blutgruppe A gilt als verlässlich – weil viele Deutsche Gruppe A haben. Deutsche »Blutgruppenforschung« will ab 1919 zeigen: Osteuropa ist minderwertig, weil dort mehr Leute Gruppe B haben. In Japan wird die Blutgruppe manchmal noch im Job erfragt.

Uff, Italien: Ab 1978 wird *Goldorak* (74 Folgen ab 1975) dort zum Hit. 1979 zeigt der Sender Rai, wie Toei Animation arbeitet. Denn italienische Zeitschriften behaupten, ein Computer erhält Skizzen, eine Plot-Idee – und der Mecha-Anime entsteht vollautomatisch. 2023 wird Tezukas *Black Jack* (absurde Grenzfälle der Medizin) mit KI fortgesetzt: Tezukas Sohn Macoto betreut das Projekt.

2011 soll *Tokyo Mew Mew* im US-TV *Hollywood Mew Mew* heißen und in Kalifornien spielen. Nach viel Kritik heißt es *Mew Mew Power*. Zeigen Anime Altstädte (wie in Kyoto), sagen Figuren in der US-Version manchmal »Wir sind in einem Expo-Park für japanische Kultur!« (noch 2015 bei *Smile PreCure*/*Glitter Force* auf Netflix). Weil in *Yu-Gi-Oh!* Figuren oft bei Duellen sterben, erfinden die deutsche und die US-Version ein »Reich der Schatten«, in dem Seelen überleben (2003 und 2006).

1989 kaufen japanische Konzerne das Rockefeller Center und Columbia Pictures. *Blade Runner* (1982) zeigt Los Angeles im Jahr 2019 voller japanischer Reklamen. Als Japans Autos in den USA beliebt werden, erschlagen zwei Chrysler-Arbeiter Vincent Ching mit einem Baseballschläger: Sie denken, er sei Japaner (1982). Ab 1990 ist Japans Wirtschaft so geschwächt, dass die USA stärker vor China warnt als vor Japan. In Anno Hideakis *Gunbuster* (6 Folgen, 1988/89) kauft Japan Hawaii.

Uff, Westen: Chip Wilson in Vancouver nennt sein Label für Yoga-Outfits »Lululemon«, weil er Japaner*innen auslachen will, die den Buchstaben L anders aussprechen (1997). Rassistische Yellowface-Figuren sind Mickey Rooney als Nachbar Yuniyoshi in *Frühstück bei Tiffany* (1961), Rihanna im Coldplay-Video *Princess of China* (2011) und die Glühbirne *Birne aus China* im *Mike Hamsterbacke*-Gratisheft der Volksbanken. Der finale *Asterix* von Autor Albert Uderzo (*Gallien in Gefahr*, 2005) zeigt böse gelbe Aliens namens »Nagma« und ihre Rakete im *Goldorak*-Design.

One Piece zeigt die monströse Big Mom … doch sonst kaum lebende Mütter. Alle wichtigen Mutterfiguren sterben vor Beginn des Abenteuers. Weil viele Väter lange im Büro sind, zeigen Manga oft eine recht vaterlose Welt. *One Piece* zeigt eine mutterlose Welt – denn »Das Wort ›Mutter‹ ist das Gegenteil vom Wort ›Abenteuer‹«, sagt Oda Eiichirō als Antwort auf eine Fan-Frage (in Band 78, 2015). Misogyn.

Goblins pflanzen sich fort, indem sie gebärfähige Menschen zum Sex zwingen – sagt *Goblin Slayer* (16+ LNs ab 2016, später Manga und Anime). Wer sich so eine Grundregel als Prämisse erfindet, darf fortan sagen: »Wir müssen alle ausrotten. Es geht nicht anders. So ist das nun mal, in der Welt!« *Goblin Slayer* zeigt viel sexualisierte Gewalt. Um zu begründen: Genozid ist die ›vernünftige‹ Lösung.

Spice & Wolf (21+ LNs ab 2006, dann Manga und Anime) erklärt Wirtschaft anhand einer Fantasy-Welt. Hauptfigur Kraft findet Sklaverei notwendig. Rudeus in *Jobless Reincarnation* (Web Novel ab 2012, dann LNs, Manga, Anime) will sich kein Urteil über Sklaverei erlauben; er kauft eine Kindersklavin. Rimuru vernichtet eine Armee: 20.000 Menschen (3 Romane ab 2012, dann LNs, Manga, Anime: *Meine Wiedergeburt als Schleim in einer anderen Welt*). Hilft gegen die Diclonius in *Elfen Lied* nur Genozid? Alle haben eine geheime, böse Persönlichkeit – von Natur aus.

So ist das nun mal: Rena wird körperlich immer jünger. Nur durch viel Küssen pausiert die Krankheit: *Cherry Syndrome* (11 Bände ab 2006: voller Bilder, in denen ein Erwachsener Klein-Rena küsst). Es geht nicht anders: Nur geheime Runen öffnen den Weg nach Hause. Elfen tragen Runen-Tattoos. Also reißen drei Menschen allen Elfen die Kleider vom Leib (*Those who hunt Elves*, 21 Bände ab 1994). Frauen und Roboter werden in *Transformers Kiss Players* (Spielzeug, Hörspiele und Manga 2006) beim Küssen zu Super-Fusions-Mecha. Der Mangaka findet witzig, alle extra-kindlich zu zeichnen.

Dass Becky (6 oder 7) Agent Twilight (etwa 30) verführen will, soll in *Spy x Family* ›drollig frühreif‹ wirken. In *Siúil a Rúin* (Pandemie-Horror trifft *Pettersson und Findus*: 11 Bände ab 2015) finden ein Mädchen und ein verfluchter Fremder endlos tragisch-schlimm, dass sie sich nie berühren dürfen.

Lady Baby (Webtoon aus Korea, ab 2018) zeigt eine Erwachsene, neu geboren: Mit 5 sind mehrere Zwölfjährige in sie verliebt. *ReLIFE* (15 Bände ab 2013) macht einen 30-Jährigen zum Schüler. »Ich darf jetzt legal Schulmädchen nahe kommen?« ist seine erste Frage.

Alte Hoteliers, viel zu körperlich mit einem Azubi (18): *Welcome to Hotel Metsäpeura* (5+ Bände ab 2020). Ein NEET über 30, viel zu nah an einem Jungen, der glaubt, er sei ein altersloser Engel: *One Room Angel* (2019). Ein Kind wird Kagema-Lustknabe, vor 1830: *Momo & Manji* (6+ Bände ab 2015). Manga, gezeichnet mit dem Blick der Täter.

Blood on the Tracks (17 Bände ab 2017), ein psychologischer Thriller über Seiichis (13) vereinnahmende, sexuell gewaltsame Mutter, ist großartig – doch Mangaka Oshimi Shūzō sagt, Grundlage war seine eigene Mutter. Hinako (15) wird zweimal von ihrem Stiefvater schwanger, ein Kind stirbt im Uterus: Die Mangaka von *Bitter Virgin* (4 Bände ab 2005) hatte eine Fehlgeburt und spiegelt das im Manga.

Dragon Ball Z hat 291 Folgen. *Dragon Ball Z Kai* kürzt den Filler ... und hat 100. *Naruto* zeigt 79 Filler-Folgen am Stück (Fans sagen: »Filler Hell«, 2005 bis 2007). 1992 startet der Mahjongg-Manga *Akagi*. 30 Bände von 1997 bis 2018 zeigen ein einziges Spiel in einer Nacht. In 22 Folgen am Stück (1991) kämpfen Goku und Freezer auf Piccolos Heimatwelt Namek. *Wolf Guy* (12 Bände ab 2007) zeigt sexualisierte Gewalt gegen eine Lehrerin durch eine Gruppe Yakuza. Die Szene dauert 14 Kapitel. »Rape Namek«, sagen Nicht-Fans.

»Fanservice« meint: erotische Momente, die für die Geschichte nicht nötig sind, aber der Zielgruppe gefallen sollen. *Oku-san* (20+ Bände ab 2008) zeigt den Alltag einer Hausfrau; *By the Furnace of Miss Alice's House* (4 Bände ab 2020) zeigt Fleisch-Snacks auf dem Grill. Dauernd zentral im Bild aber sind Brüste in engen Pullis.

Ishida Sui (*Tokyo Ghoul*, 31 Bände ab 2011) sagt, er geht beim Zeichnen jeder Pose vom Hintern aus, nicht vom Kopf der Figur. *Keijo!!!!!!!!* (18 Bände ab 2013) zeigt Duelle von Mädchen im Badeanzug, die sich mit Brust und Hintern von einer Plattform ins Wasser stoßen. *School Mermaid* (2006 und 2016) zeigt kindliche Geistermädchen im Badeanzug.

Tetsuo ist trans. Weil seine Mutter ihn ablehnt, bringt er sie um (*Ghost Tower*, 9 Bände ab 2010). Hiromi hat ihre Familie verlassen, um als trans Frau zu leben. Ihre Exfrau verbietet dem Sohn alles Feminine: Er darf auf keinen Fall ›auch so werden‹ (*Otomen*, 18 Bände ab 2006). Kei ist lesbisch und wird zur Strafe auf ein Jungen-Internat geschickt. Dort tarnt sie sich als Junge und merkt »Ich liebe Jungs!« (*The Beautiful Skies of Houou High*, 4 Bände ab 2008). Aus Neid tötet trans Frau Grell in *Black Butler* cis Frauen – Frauen also, die nicht trans sind.

Alphas fallen über Omegas her und schwängern sie (auch cis Männer). Das »Omegaverse« zeigt viel sexualisierte Gewalt. Trotzdem gibt es Lichtblicke und Paare auf Augenhöhe – wie in *Lass mich dich hassen* (6+ Bände ab 2018): Boys Love über einen alleinerziehenden Omega.

YEAH,
MANGA!

Ein Feindbild der »freien Welt« in den 70er Jahren? Alleinherrscher und Militärdiktaturen – oft auch rassistisch (»Bananenrepublik«) und queerfeindlich (»Der dekadente Schwule in Fantasie-Uniform hängt sich selbst Orden um!«). *Patalliro!* (104+ Bände ab 1978) ist 10 Jahre alt, König einer Insel und Vorläufer von Cartman aus *South Park* (dick und gierig) und Stewie aus *Family Guy* (schwul). Bacoran, Agent bei MI6, soll ihn (oder die Diamanten: Malyneras Bodenschatz) schützen, doch verführt lieber androgyne Schurken. Die campy Reihe macht Spaß: Meist lacht man mit den beiden – nicht über sie.

Yasai heißt Gemüse. Jin heißt Person. Saiya-jin heißt: jemand aus Saiya. Ein ... müseGeianer. Zum Beispiel Son Goku: Auf Saiya ist sein Name »Kakarott« (Carrot).

Ein Pferd mit Schnupfen reibt Schnodder an jede Person, die ihm den Rücken zeigt. Weil der Verlag fragt: »Wo ist der rote Faden? Da fehlt eine Prämisse: Kein Manga zählt nur einfach random Tierpflege-Anekdoten auf!« zeigt *Animal Doctors* (12 Bände ab 1988) die Ausbildung von Tierärzt*innen (wie die US-Sitcom *Scrubs* – plus schrullige Tiere). Fürs Making-Of zeichnet die Mangaka random Tiere, die random über Straßen torkeln: »Bisher sahen meine Manga alle so aus.« Man glaubt es ihr!

Weil Katzen und Mäuse Gegner sind, steht Mauzi im Pokédex auf Platz 52 – und ›Elektromaus‹ Pikachu auf 25: dem ›gegenteiligen‹ Platz. One Punch Man (31+ Bände seit 2012) trägt ein gelb-rotes Kostüm, weil Anpanman (Bilderbücher ab 1975, Anime ab 1988) Rot-Gelb trägt. Gol D. Roger stammt aus Logue Town – und wird dort hingerichtet: Prolog(ue) und Epilog(ue) seines Piraten-Lebens.

Falls der Wert eines Manga-Manuskripts 200.000 Yen (etwa 1200 Euro) übersteigt, gilt es als Kunst – und man muss Erbschaftssteuer zahlen. Darum geben Mangaka Zeichnungen an Museen ab oder gründen eigene. 1990, im Jahr nach Tezukas Tod, stellt das National Museum of Modern Art Tokyo zum ersten Mal Manga als Kunst aus. Ein Tezuka-Museum eröffnet 1994 in Takarazuka. Kitazawa Rakuten hat seit 1966 ein Museum, Ishinomori Shōtarō (*Cyborg 009* und *Kamen Rider*) seit 2001, Yokoyama Ryūichi (4-koma *Fuku-Chan*) seit 2002, Mizuki Shigeru seit 2003, Aoyama Gōshō (*Detektiv Conan*) seit 2007.

Wer die Door-Door-Frucht isst, kann in allem Türen erscheinen lassen und sie öffnen. Blueno macht Gesichter gern zu Drehtüren – und schubst sie dann wie einen Propeller. (*One Piece*. Was sonst?)

Eine Wiedergeburt in einem Otome-Game oder Liebesroman – doch als die Intrigantin, die leer ausgeht oder stirbt? »Villainess«-Isekai sind ein Subgenre für sich. Melissa im koreanischen Webtoon *Beware the Villainess!* (2020) merkt, dass alle Männer, um deren Liebe Yuri kämpfen kann, übergriffig sind – und hilft der Heldin, das zu erkennen.

Katsuko setzt sich im Büro durch – wenn sie an *Lady Oscar* denkt (J-Drama *Love Oscar*, 6 Folgen 2009). In *Gundam* rebelliert Haman Karn als Zeon-Schurkin gegen die Erde. *Thirty something Office Lady Haman-sama* (5+ Bände ab 2020) zeigt sie im Büro, im heutigen Japan. *Gundam Otaku Girl* (3 Bände ab 2007) zeigt Karns Chef Char Aznable – als Office Lady, die verstecken will, dass sie *Gundam* liebt.

In *City Hunter Rebirth* (13+ Bände seit 2017) stürzt Kaori (40, Superfan der *City Hunter*-Reihe) vor einen Zug – und ist plötzlich 16 und im Manga der 80er. Yamchu ist in *Dragon Ball* bald einer der schwächsten Kämpfer. Ein Schüler in *Wiedergeboren als Yamchu* (2016) stirbt bei einem Treppensturz, übernimmt Yamchus Körper und trainiert. Aber, Rape Culture: Er schläft mit Bulma, Yamchus Freundin. Sie denkt, er sei Yamchu. Wir sollen denken: »Gewitzt!« (Die knappen Turnhosen, nach denen Bulma benannt ist – Bloomers, ab 1903 –, sind oft in *Mila Superstar* zu sehen. Ab den 90ern müssen sie nicht mehr im Schulsport getragen werden.)

Poetische Titel: *Close the last Door*, *You will drown in Love*, *Only the Ringfinger knows*, *A Face you shouldn't show*, *Bobobo-bo Bo-bobo*, *And yet the Town moves*. *March comes like a Lion* ist ein Sprichwort: Der März stürzt auf dich, beißend kalt. Doch geht lammfromm – »but goes out like a lamb.«

Starfocks Coffee, Pizza Hot, Adadis, Windoors 2000, Lufanser statt Lufthansa, Bepsi, MgRonald's; und Dlee statt Dell. Zeigen Anime korrekte Firmennamen, floss vorher oft Geld: ein bezahltes Product Placement. Doch obwohl Sega *Evangelion* sponsert, spielt Asuka »Seca«. Sony wird oft zu Somy, Sory, Ony, Zony, Pony, Seny, SQNY – und Sany Ericcsan. Im Anime zu *Sayonara, Zetsubou-Sensei* (29+ Bände ab 2005) sagt Abiru über einen alten Sonv-Kassettenspieler: »Ach, Sony hieß mal Sonv?«

Cesare Borgia studiert ab 1491 in Pisa. *Cesare* (13 Bände ab 2006) zeigt Polit-Intrigen und Morde. Ernst, detailliert – aber oft trocken, ohne Frauen, ohne großes Finale. Ab 1609 wird Artemisia Gentileschi die berühmteste Malerin der Renaissance. *Arte* (19+ Bände ab 2013) erfindet eine flotte Portraitmalerin in Florenz. Detailliert, mitreißend – nur oft arg happy (Iyashikei). Ikeda Riyoko erhält 2009 den höchsten Verdienstorden Frankreichs, für *Die Rosen von Versailles*. Italien? Auch Sōryō Fuyumi und Ōkubo Kei investieren Jahre, um Geschichten zu zeigen, die Europas Comicwelt bisher nicht liefern (und finanzieren) kann. Bitte bald Orden und Preise an beide!

Fans, die Ed und Winry in *Fullmetal Alchemist* als Paar sehen wollen, nutzen die Zahl 503: So heißt ein Jeans-Modell der Marke Edwin. Die Mangaka freut sich und zeigt Ed in einem Hotel – in Zimmer 503.

Prinzessin Mononoke ist 2008 Vorbild für Ahsoka in *Star Wars*. Sanji in *One Piece* ist gezeichnet wie Steve Buscemi in *Reservoir Dogs* (1992). Relena, Lacus und Audrey Byrne in *Gundam* erinnern an Audrey Hepburn in *Ein Herz und eine Krone* (1953). Der Anime zu *Space Adventure Cobra* (1982; Manga: 18 Bände ab 1978) ist in Frankreich Kult; auch, weil Cobra aussieht wie Alain Delon und Jean-Paul Belmondo. Clint Eastwood ist 1989 Vorbild für Jōtarō Kūjō in *JoJo*. Re-l Mayer in *Ergo Proxy* (23 Folgen, 2006) ist geschminkt wie Amy Lee auf dem Albumcover *Fallen* (Evanescence, 2003).

Ein Magier und Politiker in *UQ Holder* (und im Vorläufer *Magister Negi Magi*) ist nach Mathematiker Kurt Gödel benannt. Mangaka Buronson nennt sich 1972 nach US-Schauspieler Charles Bronson, weil ihre Schnurrbärte sich ähneln. Tezuka zeigt identisch aussehende Figuren in verschiedenen Manga und nennt das »Actor System«: Er verwendet seine Figuren wie Schauspieler*innen.

Eine Dämonin/Schülerin in *High School DxD* (Light Novels) ab 2009 heißt wie eine Schauspielerin: Asia Argento. 2017 spricht die reale Asia Argento über sexualisierte Gewalt durch Harvey Weinstein. 2018 wird klar, wie schnell Figuren von solchen Vorbildern überschattet werden können: Im August wird öffentlich, dass Argento mit 37 einem 17-Jährigen nach Sex im Hotel 380.000 Dollar Schweigegeld gezahlt hat.

Der Riesen-Elefant Zounisha, der in *One Piece* auf langen Beinen durchs Meer wandert und die Insel Zou auf dem Rücken trägt, zählt zur Gattung Naitamie-norida zō. Rückwärts gelesen: »Dari no e mitai na zō« (Elefant, wie aus dem Gemälde Dalis).

Ab *Wingman* (13 Bände ab 1983) erwähnt Katsura Masakazu, ein Kumpel von To-ri-ya-ma Akira, oft Figuren namens »Ma-ya-ri-to«. Mashirito, der böse Forscher in *Dr. Slump*, sieht aus wie Toriyamas Redakteur Torishima Kazuhiko. Bei *Dragon Ball* sieht Tao Bai Bai aus wie der Comedy-Mangaka Ishikawa Jun.

Ranmas Rivale Ryōga hat eine so schlechte Orientierung, dass er jahrelang nicht nach Hause findet. Das liegt in der Familie. Darum kann Ranma tun, als sei er Ryōgas Schwester: Ryōga denkt, er hat sie vergessen oder sie haben sich bisher immer verpasst. Später geben *One Piece* (Schwertkämpfer Zoro), *Bleach* (Yachiru und ihr Kommandant Kenpachi Zaraki), *Fruits Basket* (Hatsuharu) und die Harem-Comedy *Tenchi Muyō!* (21 Anime-Filme ab 1992, hier verläuft sich Weltraum-Polizistin Mihoshi) Figuren dasselbe Problem, ebenfalls vor allem für Comedy-Szenen.

Als der Anime ihren Hintern und ihren Ausschnitt zeigt, fragt Misaki: »Warum stoppt hier die Kamera?« Sie greift ins Bild. Mit einer Texttafel bittet die Serie um Verzeihung: Folge 6 von *Excel Saga* (26 Folgen, 1999). Der Vorläufer zum Manga (27 Bände ab 1996) sind schlüpfrige Dōjinshi, gezeichnet in Kōshi Rikudōs Schulzeit. Die Bilder sind im Anime zu sehen: Das Team hält sie Kōshi hin. Er schämt sich.

Wer für »fremd« gehalten wird, hört oft »Wo kommst du *wirklich* her?« Von trans Menschen wird erwartet, dass sie Fragen zu ihrem Körper beantworten und, ob und mit wem sie Sex haben. Die Kriegerin und Zofe Mariandale ist trans – und Gamer Kon verhält sich wie ein Fantasy-Fan, der fragt »Aber warum? Warum ist hier eine trans Frau?« *Ixion Saga* (25 Folgen, 2012) macht klar: Weil es trans Menschen gibt. Sie schulden keine Auskünfte!

F. Compo (14 Bände ab 1997, vom *City Hunter*-Mangaka) zeigt ein Ehepaar mit Tochter. Doch der Vater war schwanger; denn beide Eltern sind trans. Neffe und Student Masahiko zieht ein, stellt sexistische Fragen und merkt, wie eng seine Vorstellungen von »Mann« und »Frau« sind. Für 1997: supergut.

Mythen und Meeresbiologie, berauschend morbid: *Kinder des Meeres* (5 Bände ab 2005) wirkt besonders. Der Hochsee-Comic *The Massive* (USA, 2012) ist halbwegs ähnlich. Doch sonst? Schöpfungs-Sagen, Staunen über Ökosysteme, Abhängigkeiten zwischen Mensch und Fauna – wo ist das ein großes Thema, derart zentral? Nur ... im erfolgreichsten Franchise der Welt! *Pokémon.* Lebewesen meist als Deko oder Essen? Natur immer nur als Hintergrund? Hier nicht. Ein wichtiger, besonderer Fokus.

Tezuka Minako zeichnet als Kind eine Art Flaschenkürbis-Tier mit Flicken am Körper und Pflaster am Kopf. Gut 50 Jahre lang plumpst und schnaubt Hyōtan-Tsugi als Maskottchen durch die Manga ihres Bruders – besonders in Bildern, die etwas Enttäuschendes zeigen: Zonk! Auch *One Piece* zeigt/ versteckt klein im Hintergrund oft eine Figur: Pandaman, Wrestler mit Panda-Kopf.

Ein Zug, der Frauen ihren Lebenszielen näher bringt: Sechs Haltestellen der Ōedo-U-Bahn-Linie werden in *Miracle Train* (13 sentimentale Folgen, 2009) als junge Männer gezeigt, die helfen und beraten. Wie sähe der Bahnhof Kassel-Wilhelmshöhe aus – als Bishōnen?

So lange in *Detektiv Conan* nicht klar ist, wer ein Verbrechen verübt hat, wird ›die schuldige Person‹ nur als schemenhafte, abstrakte Figur ohne Gesicht gezeigt. Der Spaß-Manga *Hanzawa-san the Criminal* (7+ Bände ab 2017) zeigt, was diese Figur in ihrer Freizeit erlebt.

»Ich will den Dreck unter deinen Fingernägeln zu Tee aufbrühen und trinken«, lobt Haruki, »damit deine guten Eigenschaften auf mich übergehen.« Weil die Redewendung so bekannt ist und, weil Sakuras Bauchspeicheldrüse (Pankreas) versagt, schreibt er stattdessen: *I want to eat your Pancreas* (kitschige Web Novel 2014, später Manga und Anime). Unnützes Wissen für Tee- und Fingernagel-Fans!

Weil die Gesellschaft recht homogen ist und eng zusammen wohnt, können Trends schnell ganz Japan erfassen. Bowling ist 1968 etwa fünf Jahre beliebt. Karaoke wird ab 1972 populär, Manzai (Comedy-Duos) in den frühen 80ern. Manga sind ein Zeitvertreib, der keinen Lärm macht und niemanden belästigt.

In Schwarzweiß-Manga sagen Figuren oft »Das ist ja blau!« oder »Ein rotes Licht«. Attacken in Anime werden ausgerufen, weil oft schon im jeweiligen Vorlage-Manga eine Sprechblase benennt, welcher Move gezeigt wird – damit man alles (auch ohne Bewegung und Farbe) versteht.

Steve Blum, die US-Stimme von Spike in *Cowboy Bebop*, trägt Spikes letztes Wort als Tattoo (in Audio-Wellenform) am linken Unterarm: »Bang.« Jake in *One Hour Photo* (2002) erklärt eine *Eva*-Spielfigur völlig falsch – denn Anime-Fan Robin Williams will, dass Fans die Augen rollen. 1989 nennt er seine Tochter nach Prinzessin Zelda. 1995 nennt Mœbius eine Tochter Nausicaa, aus Respekt und Freundschaft zu Miyazaki.

Der koreanische Mangaka Boichi, geboren 1973, lebt seit 2004 in Japan. Nach dem Tsunami 2011 spendet er viel Geld ans Rote Kreuz. Die Einnahmen von Band 2 von *Sun-Ken Rock* (25 Bände ab 2006) erhält Vietnam – als Reparation dafür, dass Südkorea die USA im Vietnamkrieg unterstützt hat.

Dosenpfirsiche essen, wenn man krank ist. Gassen und hohe Garten-
mauern. Kleine Vergnügungsparks auf Dächern von Kaufhäusern. Die Ufer
von begradigten Flüssen. Omiai-Treffen für Heiratswillige. Weiße, hand-
gemachte Geister-Aufhänger, damit die Sonne scheint. Kann eine Figur
endlich pinkeln, wird oft eine Wiese mit Alpenblumen gezeigt. Vogelge-
zwitscher am Morgen heißt: Figuren hatten in der Nacht Sex.

Nintendo druckt ab 1889 Hanafuda-Karten: Je vier Spielkarten zeigen dieselben Blumen, als Symbol für einen Monat. Hortensien stehen in Manga
für die Regenzeit: vier Wochen ab Anfang Juni. Geisha tragen je nach
Monat Kimono mit anderen Motiven. Windsäcke, die aussehen wie Karp-
fen, wehen zum Kindertag am 5. Mai. Feuerwerke und Furin-Windspiele
im Sommer. Riesige Wolkentürme – Cumulonimbus – zeigen in Manga-
Szenen: »Ferienzeit«. In fast jedem Manga-Kapitel ist klar, in welchem
Monat jede Szene spielt.

Warum schauen alle ausgestopften Fische, die panpanya in *Guyabano
Holiday* sieht, nach links? Weil man von rechts nach links liest, vermutet
die Mangaka. Auch Pokémon schauen als Pixel-Sprite nach links und
damit ›nach vorn‹. Games wie *Super Mario Bros.* scrollen nach rechts: weil
sich ein TV-Bild damals zeilenweise aufbaut, von links nach rechts.

Beim Zeichnen hebt man Teile einer Sache stark hervor – und lässt viel
anderes weg. So können Manga und Anime aus jeder Geste, jedem Blick,
jedem Satz ein Spektakel machen – kleine Momente als bestechend, ent-
scheidend inszenieren.

Je simpler ein Gesicht gezeichnet ist, desto leichter liest man sich selbst hinein. »Du bist wie ich!« *Gute Nacht, Punpun* (13 Bände ab 2007) zeigt detaillierte Hintergründe. Nur Punpun sieht sich selbst als Vögelchen, naiv gezeichnet. Jemand ›wie wir‹? Eine typische Kindheit? Wie fremd und eigen Punpun ist, stört, nervt und erschreckt. Ein Lernprozess: Der Mangaka Asano Inio warnt, sich mit traurigen Jungs zu schnell gemein zu machen.

Das Wort Chūnibyō (»Syndrom in Klasse 8«) wird 1999 im Scherz erfunden: Mit 13, 14 nimmt man sich besonders ernst, hält sich für extra-tief oder glaubt sogar, man könne zaubern. Jede Person hat typische und untypische Seiten. Doch nur sich selbst *als völlig untypisch zu sehen* ... ist völlig typisch.

Oft ist die erste Sprechblase eines Panels auch die höchste: Die Augen wandern am Text entlang das Bild hinab. Ist der Raum zwischen Panels schwarz, spielt die Szene in der Vergangenheit – eine Rückblende oder Erinnerung.

»Das einzige, worin ich gut bin, ist Warten«, sagt Alpha in *Yokohama Shopping Log*. Wie so viele andere japanische Figuren sieht sie nicht gut, *wie gut sie ist*. Und wie gut es tut, ihr zuzusehen!

WIR HABEN VIEL GELERNT AUS

Frederik L. Schodt: *Manga! Manga! The World of Japanese Comics* (Kōdansha International, 1983)

Jonathan Clements, Helen McCarty: *The Anime Encyclopedia* (Stone Bridge Press, 2001)

Takashi Murakami: *Little Boy: The Arts of Japan's Exploding Subculture* (Yale University Press, 2005)

Frederick L. Schodt: *The Astroy Boy Essays: Osamu Tezuka, Mighty Atom, and the Manga/Anime Revolution* (Stone Bridge Press, 2007)

Jason Thompson: *Manga: The Complete Guide* (Del Rey, 2007)

Hayao Miyazaki: *Starting Point 1979 – 1996* (VIZ Media, 2009)

Toni Johnson-Woods: *Manga: An Anthology of Global and Cultural Perspectives* (Continuum, 2009)

Antonia Levi, Mark McHarry, Dru Pagliassotti: *Boys' Love Manga* (McFarland & Company, 2010)

Kinko Itō: *A Sociology of Japanese Ladies' Comics* (Edwin Mellen Press, 2011)

Manami Okazaki, Geoff Johnson: *Kawaii! Japan's Culture of Cute* (Prestel, 2013)

Nissim Otmazgin, Rebecca Suter: *Rewriting History in Manga* (Palgrave Macmillan, 2016)

Paul Gravett: *Mangasia: The Definitive Guide to Asian Comics* (Thames & Hudson, 2017)

Patrick Galbraith: *Otaku and the Struggle for Imagination in Japan* (Duke University Press, 2019)

Nagayama Kaoru: *Erotic Comics in Japan: An Introduction to Eromanga* (Amsterdam Unversity Press, 2020)

… sowie aus den Websites TV Tropes, Goodreads, der Internet Movie Database (IMDb) und den Youtube-Videos von Okada Toshio, @toshiookada0701

ÜBER DIE AUTORIN
UND DIE AUTOREN

Jasmin Dose studierte Japanologie, Informatik und Konferenzdolmetschen. Sie ist Organisatorin der »Connichi«, der größten vollständig ehrenamtlich organisierten Anime- und Manga-Veranstaltung im deutschsprachigen Raum.

Ab Januar 2022 zeigen japanische Kinos Teil 1 des Anime *The Orbital Children*. Am 2. September 2023 verrät der Regisseur Iso Mitsuo auf der Connichi in Wiesbaden, dass die Figur Nobeyama Darmstadt Isako Halbdeutsche ist – wie Jasmin. In einem Raumfahrtunternehmen, sagt er, arbeiten sicherlich internationale, bilinguale, rationale Menschen – so wie Jasmin, die er seit 2017 kennt.

Jan Lukas Kuhn übersetzt Manga und Games aus dem Japanischen (wenn er gerade nicht auf Bluesky und auf X prokrastiniert). Er studierte Japanologie und Anglistik in Trier und Tokyo und arbeitete bei »Mandarake« im »Nakano Broadway«, einem Zentrum der japanischen Fan- und Sammelkultur.

Im September 2003 liegt dem Manga-Magazin *BANZAI!* die *Yu-Gi-Oh!*-Sammelkarte Blauäugiger Weißer Drache bei. Wie einst das Urzeitliche Mew bei Lawrence III. (dem Gegenspieler im Anime *Pokémon 2: Die Macht des Einzelnen*, 1999) wird eine einzelne Karte für Jan Lukas zum Auslöser. Nicht für die moralisch fragwürdige Jagd auf seltene Wesen. Sondern für ein Leben, aus dem Manga nicht mehr wegzudenken sind.

Stefan Mesch empfiehlt Bücher, Serien und Comics bei Deutschlandfunk Kultur, *SPIEGEL online* und im Berliner *Tagesspiegel*. Er studierte Kreatives Schreiben und Kulturjournalismus in Hildesheim, ist Autor von *Unnützes Wissen für Marvel-Nerds* (mit Lino Wirag, 2023 im riva Verlag) und druckte im Alter von 14 Jahren (1997/98) mit Freundinnen drei Ausgaben des *Sailor Moon*-Fanzines *Bunny's World*.

Vom 8. bis 10. Oktober 1999 (Freitag bis Sonntag) spielt Stefan fast 40 Stunden *Pokémon: Blaue Edition*. Aus Angst, bei jedem komplexen Game so zu eskalieren, liest er seitdem lieber.

192 Seiten
10,00 € (D) | 10,30 € (A)
ISBN 978-3-7423-2530-3

Stefan Mesch, Lino Wirag

Unnützes Wissen für Marvel-Nerds

Spannende Fun Facts zu
den legendären Comics,
Filmen und deinen
Lieblingsfiguren

Keine Frage: Marvel ist Kult. Seit Jahrzehnten begeistert der unverwechselbare Stil der Comics und Filme immer neue Generationen. Doch weshalb tauchen die X-Men eigentlich nicht in den Avengers-Filmen auf? Wieso schreibt sich Spider-Man mit Bindestrich, anders als Superman? Aus welchem Grund boykottierten 700 Kinos in Deutschland *Age of Ultron*? Und wie kam es dazu, dass einst Avengers-Sexspielzeug auf den Markt kam?

Dieses Buch bietet erstaunliche Fakten, witzige Einblicke und absurde Anekdoten rund um die beliebten Superheld*innen und ihre finsteren Gegenspieler*innen. Ein höchst unterhaltsames Sammelsurium, in dem alle Fans gerne stöbern werden – so bunt und facettenreich wie das Marvel-Universum selbst.

riva